# MANEJA
# TUS
*Emociones*

# MANEJA TUS
# *Emociones*

Sabiduría diaria para mantenerse
estable en un *mundo inestable*

Un devocional de 90 días

# JOYCE MEYER

ORIGEN

Penguin
Random House
Grupo Editorial

Título original: *Managing Your Emotions:*
*Daily Wisdom for Remaining Stable in an Unstable World*

Primera edición: enero de 2025
Esta edición es publicada bajo acuerdo con Faith Words, una división de Hachette Book Group,
Inc., USA.
Todos los derechos reservados.

Traducción: Daniel Esparza

Impreso en Colombia / *Printed in Colombia*

ISBN: 979-8-89098-201-8

25 26 27 28 29    10 9 8 7 6 5 4 3 2 1

# CONTENIDO

# INTRODUCCIÓN

Si alguien me pidiera que compartiera las lecciones más importantes que he aprendido como cristiana, sin duda incluiría la forma en que Dios me ha enseñado a no permitir que mis sentimientos y emociones controlen mi comportamiento. He aprendido que puedo tener emociones sin que estas me controlen; en otras palabras, puedo vivir más allá de mis sentimientos. Por supuesto, también he aprendido muchas otras lecciones valiosas en mi caminar con Dios, pero aprender a manejar las emociones de manera sana y piadosa es una de las que verdaderamente me ha cambiado y me ha permitido disfrutar consistentemente de mi vida cada día y mantenerme estable en un mundo inestable. Ruego a Dios que mientras pasas los próximos noventa días con este libro, pensando y orando acerca de la manera en la que lidias con tus emociones, también te descubras disfrutando tu vida en nuevas y maravillosas maneras y experimentes al mismo tiempo un mayor nivel de estabilidad emocional.

Cuando te levantas cada mañana, ¿esperas a ver cómo te sientes antes de decidir lo que harás? Si es así,

Introducción

terminarás haciendo muy poco de lo que en realidad deberías hacer. ¿Esperas a ver qué piensas y luego decides cómo pasar el día? ¿O usas tu libre albedrío para hacer lo que sabes que debes hacer? ¿Piensas en algo triste que sucedió la noche anterior y permites que tus sentimientos de tristeza marquen el tono del día? ¿Permites que la preocupación o la ansiedad te hagan temer ir a trabajar? ¿Recuerdas inmediatamente el estrés de algo que sucedió a principios de semana? ¿Piensas en alguien y sientes rabia, celos o resentimiento? Tal vez lo hagas a veces, pero no tienes por qué dejar que estas emociones marquen la pauta de tu día. Puedes cambiar cómo te sientes cambiando lo que piensas.

Las emociones forman parte del ser humano. Expresamos nuestras emociones de forma diferente, pero todos las tenemos. Sin embargo, no tenemos por qué dejar que nuestros sentimientos nos lleven a tomar decisiones malsanas e imprudentes. Podemos elegir cómo manejarlos. Los sentimientos son volubles, y no se puede confiar en ellos. Tú y yo podemos sentirnos de una manera cuando nos vamos a la cama y despertarnos sintiéndonos de otra manera totalmente diferente. Por ejemplo, esta mañana fui al gimnasio a hacer ejercicio y decidí que daría un

10

paseo al volver, pero después de hacer ejercicio, me apetecía sentarme en una silla un rato.

La Palabra de Dios nos anima a tomar buenas decisiones en Deuteronomio 30, 19: "Hoy pongo al cielo y a la tierra por testigos contra ti, de que te he dado a elegir entre la vida y la muerte, entre la bendición y la maldición. Elige, pues, la vida, para que vivan tú y tus descendientes". Dios nos da dos opciones: vida o muerte, bendición o maldición. Incluso nos dice cuál elegir. Dice que "escojamos la vida", es decir, que tomemos decisiones que nos lleven a una vida llena de sus bendiciones.

Cuando decidimos recibir a Jesús como Salvador y Señor, tomamos una decisión que nos cambia la vida y nos bendice. Como Dios nos da libre albedrío (la habilidad de hacer lo que queremos hacer), cada día tenemos oportunidades de escoger ser bendecidos, al tomar decisiones consistentes con su Palabra. Algunos días, nuestras emociones nos ayudan a tomar decisiones piadosas. Pero otros días nos traicionan y tratan de evitar que tomemos buenas decisiones. Cada día de tu vida puede ser un buen día. Esto, por supuesto, no significa que no te enfrentarás a situaciones que te afecten emocionalmente. Puede que te encuentres en una situación que te haga muy feliz y te llene el corazón de alegría. O puede ocurrir algo que te enfade, te asuste o te entristezca. No tienes control sobre muchas de las cosas con las que te enfrentas cada día, pero sí puedes determinar cómo respondes a ellas. No puedes elegir lo que te ocurre, pero tienes pleno control sobre cómo decides afrontarlo. No es necesario tener ganas de hacer lo correcto para elegir hacerlo. Puedes vivir más allá de tus emociones.

Rezo para que este devocional te anime y te haga capaz de disfrutar de cada día de tu vida mientras eliges manejar tus emociones, en lugar de dejar que tus emociones te manejen a ti.

# MANEJA
# TUS
# *Emociones*

# Tú eliges

---

*Hoy pongo al cielo y a la tierra por testigos contra ti,*
*de que te he dado a elegir entre la vida y la muerte,*
*entre la bendición y la maldición. Elige, pues, la vida,*
*para que vivan tú y tus descendientes.*

Deuteronomio 30:19

Al comenzar este viaje de noventa días para aprender a gestionar tus emociones de forma más eficaz, y para que puedas mantenerte estable en un mundo inestable, es importante entender que nadie nace sabiendo cómo manejar sus emociones, pero podemos aprender a hacerlo. Tomar decisiones sanas y piadosas cuando tenemos ganas de hacer otra cosa es vital para disfrutar de una vida victoriosa. Durante años, me limité a hacer lo que me apetecía, y eso me metió en muchos problemas. Pero Dios me ha enseñado a seguir su Palabra en lugar de seguir mis emociones. No siempre lo logro, pero he aprendido mucho sobre esto y seguiré aprendiendo toda mi vida.

Las personas responden a las emociones de diversas maneras. Algunos ignoran, niegan o reprimen sus sentimientos. Otros responden físicamente, comiendo en exceso, bebiendo, haciendo ejercicio en exceso o abusando de sustancias (azúcar, cafeína, medicamentos con receta o drogas que alteran el estado de ánimo). Otros se retraen cuando las emociones son intensas, mientras que otros acuden a sus amigos o a las redes sociales para procesar cómo se sienten. Hay quien se pone a limpiar y hay quien se va de compras. La lista continúa. Tal vez hayas experimentado una o más de estas respuestas malsanas. Si es así, hoy puedes empezar a manejar tus emociones de forma positiva en lugar de negativa.

En la Escritura de hoy, Dios dice a su pueblo que "elija la vida". Esto significa tomar decisiones que conduzcan a la paz, la alegría y la estabilidad. Aprendemos a tomar estas decisiones cuando estudiamos su Palabra, y encontramos paz, gozo y estabilidad al obedecerla.

---

**Oración:** *Gracias, Dios, por tu Palabra y por la manera en que me enseña a elegir la vida. Ayúdame a obedecerla en cada área de mi vida mientras viva.*

DÍA 2

# Decide disfrutar del día

*Este es el día que hizo el Señor; nos gozaremos*
*y alegraremos en él.*

Salmo 118:24 NTV

Como dije en la introducción, aprender a manejar mis emociones ha sido una de las lecciones más importantes que he aprendido en mi camino con Dios, porque me ha permitido disfrutar consistentemente de mi vida. Cuando esperamos a ver cómo nos sentimos para saber si podemos disfrutar de cada día, damos a las emociones el control de nuestras vidas. Pero, afortunadamente, podemos tomar decisiones que no se basen en los sentimientos. Si estamos dispuestos a tomar buenas decisiones, independientemente de cómo nos sintamos, Dios nos ayudará a tomarlas.

Vivir la buena vida que Dios nos ofrece requiere que seamos obedientes a su manera de ser y de hacer. Él nos da la fuerza para seguir sus enseñanzas, pero nosotros debemos elegir hacerlo. Dios no elige por nosotros. Él nos ayuda, pero nosotros debemos participar eligiendo obedecer su Palabra en lugar de simplemente hacer lo que nos apetezca. No podemos disfrutar consistentemente de la vida hasta que estemos dispuestos a hacer esto. Por ejemplo, puedo sentir deseos de evitar a alguien porque ha herido mis sentimientos o me ha tratado injustamente, pero puedo elegir orar por ellos y tratarlos como Jesús lo haría mientras espero que Él intervenga en esa situación. Si actúo según mis sentimientos, perderé la paz y la alegría. Pero si escojo hacer lo que Dios me ha instruido hacer en su Palabra, tendré su recompensa y bendición en mi vida.

---

**Oración:** *Ayúdame, Dios, a tomar buenas decisiones con respecto a mis emociones y a no permitir que controlen mi vida. Quiero obedecer tu Palabra y experimentar tus bendiciones en mi vida.*

# Eres amado y aceptado

---

*Al que no conoció pecado, por nosotros lo hizo pecado,*
*para que nosotros fuésemos hechos justicia de Dios en él.*
2 Corintios 5:21 RVR60

Dios quiere que nos sintamos amados y aceptados. Por eso su Palabra incluye tantas Escrituras que nos recuerdan su amor incondicional por nosotros (Juan 3:16, 15:13; Romanos 8:35-39). Según Romanos 5:8, cuando aún éramos pecadores y Dios no nos importaba en absoluto, Él envió a su Hijo para que muriera por nosotros, pagara el precio de nuestros pecados y nos diera la oportunidad de vivir en paz, en estrecha comunión con Él.

Cuando recibimos a Jesús como nuestro Salvador, Él toma nuestro pecado y nos da su justicia, como nos enseña la Escritura de hoy. Puede que no comprendamos todo el impacto de esto. ¿Cómo podemos comprender lo que realmente significa ser justificado ante Dios, gratuitamente? Esta es una verdad gloriosa que puede cambiar la forma en que nos vemos a nosotros mismos si la dejamos hundirse en nuestros corazones.

Te reto hoy a creer que Dios te ama y te acepta completamente, que Él piensa bien de ti, y que estás relacionado con Él a través de Cristo. Ten un pensamiento positivo acerca de ti o di una palabra positiva acerca de ti basado en lo que Dios siente por ti. No estoy hablando de llenarte de orgullo. Te estoy animando a ser lo suficientemente audaz para creer que realmente eres quien Dios dice que eres.

David le dice a Dios en el Salmo 139:14: "¡Te alabo porque soy una creación admirable! ¡Tus obras son maravillosas y esto lo sé muy bien!". A muchas personas les cuesta usar palabras tan positivas sobre sí mismas, pero espero y rezo hoy para que las creas, porque son verdad.

---

**Oración:** *Gracias, Señor, por amarme y aceptarme completamente y por hacerme justo a través de Cristo. Ayúdame a sentir por mí mismo lo que Tú sientes por mí.*

# Cómo hablar de lo que sientes

---

*Cuando hay muchas palabras, la transgresión y la ofensa son inevitables, pero quien controla sus labios y guarda un silencio reflexivo es sabio.*

Proverbios 10:19 AMP, traducción propia

La gente tiende a hablar mucho de cómo se siente. Algunas hablan de sus sentimientos más que de casi cualquier otra cosa. Se sienten bien o mal, felices o tristes, excitados o desanimados, temerosos o atrevidos, estresados o tranquilos, queridos o no queridos, enfadados o en paz, celosos o felices cuando otros tienen éxito o son bendecidos. La lista de adjetivos que describen nuestro abanico de emociones es casi interminable.

Los sentimientos cambian constantemente, normalmente sin previo aviso, y hacen lo que les da la gana sin ninguna razón específica. Todos nos hemos acostado sintiéndonos bien física y emocionalmente para despertarnos a la mañana siguiente cansados e irritables. A menudo decimos cómo nos sentimos a cualquiera que esté dispuesto a escucharnos, y hablamos mucho más sobre nuestros sentimientos negativos que sobre los positivos. Si me despierto sintiéndome enérgica y entusiasmada con el día, rara vez lo comparto. Pero si me siento cansada y desanimada, quiero decírselo a todo el mundo. He tardado años en aprender que hablar sobre cómo me siento aumenta la intensidad de esos sentimientos, así que me parece que deberíamos hablar de nuestros sentimientos positivos y callar los negativos.

Siempre podemos decirle a Dios cómo nos sentimos y pedirle ayuda y fuerza, pero hablar de sentimientos negativos solo por hablar no sirve de nada. Si los sentimientos negativos persisten, pedir oración o consejo puede ser útil, pero, de nuevo, hablar por hablar no sirve de nada. Incluso si dices: "Me siento cansado", puedes seguir con "aun así, creo que Dios me dará energía". Cuando hables de cómo te sientes, habla en positivo.

---

**Oración:** *Señor, hoy quiero usar la sabiduría al hablar de mis emociones. Ayúdame a hablar de mis sentimientos positivos para que crezcan y a guardar silencio sobre mis sentimientos negativos, ya que confío en Ti para que me ayudes con ellos.*

# Elige la fe

---

*Manténganse alerta; permanezcan firmes en la fe;*
*sean valientes y fuertes.*

1 Corintios 16:13

Nosotros podemos vencer el miedo con fe. Cuando nuestros pensamientos nos dicen "No puedes", debemos recordar que Dios dice "Tú puedes". Hagámonos eco de la declaración de Pablo en Filipenses 4:13: "Todo lo puedo en Cristo, que me fortalece". Incluso cuando sentimos miedo, podemos avanzar con fe, sabiendo que Cristo está en nosotros y nosotros en Él.

Cuando Pedro vio a Jesús caminar sobre las aguas y quiso hacer lo mismo, salió de la barca y empezó a dar pasos. Mientras mantuvo los ojos fijos en Jesús, logró caminar sobre las aguas. Pero cuando se fijó en las olas que le rodeaban, se asustó y empezó a hundirse. Jesús le tendió la mano y lo salvó, pero también lo reprendió amorosamente por su gran miedo y su poca fe (Mateo 14:25-31). Pedro pudo haber elegido la fe y seguir caminando sobre el agua, pero en lugar de eso eligió el miedo, y Jesús tuvo que rescatarlo. El sentimiento de miedo nunca desaparecerá completamente de nuestras vidas, pero cualquier cosa que necesitemos hacer, podemos "hacerla con miedo" y ser valientes mientras mantenemos nuestros ojos en Jesús. La valentía no es la ausencia de miedo; es enfrentarse al miedo y dominarlo.

A veces no vemos cómo podríamos tener fe, pero estos son los momentos en los que debemos negarnos a seguir el miedo, con la ayuda de Dios.

Dios nunca deja de amarnos y no se enfada con nosotros porque elijamos el miedo, pero sí le entristece, porque quiere que vivamos la mejor vida que podamos vivir. En su Palabra, Él nos instruye a no temer y a saber que nos dará la gracia y la fuerza para hacerlo.

———————————

**Oración:** *Gracias, Dios, por el don de la fe. Cuando sienta la tentación de tener miedo, ayúdame a elegir la fe.*

# DÍA 6

# Tienes autoridad sobre tus emociones

---

*Una persona sin control propio es como una ciudad con las murallas destruidas.*

Proverbios 25:28 NTV

Las emociones, en sí mismas, no son ni buenas ni malas. Sin embargo, a veces son inestables e impredecibles, por lo que hay que controlarlas. Pueden ser agradables y maravillosas, pero también pueden hacernos sentir desgraciados y llevarnos a tomar decisiones de las que luego nos arrepintamos. Las emociones desenfrenadas pueden compararse con los niños pequeños que quieren tener y hacer de todo, pero que aún no entienden que algunas cosas pueden ser peligrosas. Los padres deben controlar a sus hijos, o seguramente se harán daño a sí mismos o a los demás. Del mismo modo, podemos aprender a "criar" nuestras emociones. Tenemos que entrenarlas para evitar situaciones peligrosas e insalubres y para que nos conduzcan a vivir la vida y disfrutar de las bendiciones que Dios tiene para nosotros.

Comprender nuestros sentimientos es importante, pero no tanto como controlarlos y no dejar que se desborden. Al igual que los padres tienen autoridad sobre sus hijos, tú también la tienes sobre tus emociones. Puedes decidir que no dejarás que te controlen.

La forma en que gestiones tus emociones determinará cómo vives tu vida, si eres una víctima o un vencedor, si avanzas con confianza o te encoges de miedo cuando se te presentan grandes oportunidades, y si llegas a ser conocido como un pacificador o como una persona que provoca conflictos.

Los sentimientos pueden ser fuertes y exigir su propio camino, pero no tienes por qué dejar que ellos decidan. Elegir manejarlos bien puede posicionarte para recibir y disfrutar lo mejor que Dios tiene para ti cada día, en cada situación que enfrentes.

---

**Oración:** *Ayúdame, Dios, a manejar mis emociones de manera que me posicionen para recibir lo mejor que Tú tienes para mí hoy.*

# Una clave para la salud emocional

---

*Sean tolerantes los unos con los otros, y si alguien tiene*
*alguna queja contra otro, perdónense, así como el Señor los*
*ha perdonado a ustedes.*

Colosenses 3:13 TLA

Creo que una de las razones por las que muchas personas viven en un torbellino emocional es porque se niegan a perdonar a las personas que les han hecho daño o les han ofendido. Nos demos cuenta o no, la falta de perdón es a menudo la raíz de los sentimientos negativos. Muchas personas creen que tienen derecho a negarse a perdonar. Piensan que deben herir a las personas que les han hecho daño. Pero esto no es emocionalmente saludable ni sabio.

En la vida pueden ocurrir cosas muy dolorosas. Muchas veces, la clave para superarlas y disfrutar en el futuro es aprender a perdonar lo ocurrido en el pasado. Estoy convencido de que, como creyentes y seguidores de Cristo, nunca llegaremos a experimentar vidas llenas de gozo y victoriosas a menos que perdonemos a quienes nos hieren.

El perdón no es un sentimiento; es una elección. Podemos elegir perdonar a alguien tanto si nos apetece como si no. Incluso podemos perdonar cuando estamos enfadados o dolidos. Una vez que tomamos la decisión de perdonar, nuestras emociones acaban calmándose. A medida que seguimos caminando en el perdón, el dolor y la ira disminuyen. Puede que no decidamos restaurar nuestra relación con la persona que nos hirió, pero el perdón nos libera de sentimientos negativos y puede llevarnos a sentir compasión por ella. Cuando perdonamos a las personas, podemos bendecirlas y rezar por ellas, como enseña Jesús. Como resultado, nosotros también seremos bendecidos. No conocemos todas las bendiciones que nos traerá el perdón, pero sí sabemos que conducirá a la paz en nuestros corazones y que es una clave para la salud emocional.

———————————

**Oración:** *Dios, ayúdame a elegir perdonar a todos los que me han herido o me han hecho daño, incluso cuando no tenga ganas de perdonarlos.*

# Lucha con la fuerza de Dios

---

*Y dijo Jahaziel: «Escuchen, habitantes de Judá y de
Jerusalén, y escuche también usted, rey Josafat. Así dice
el Señor: "No tengan miedo ni se acobarden cuando vean ese
gran ejército, porque la batalla no es de ustedes, sino mía"».*

2 Crónicas 20:15

¿Le estás pidiendo algo a Dios o esperando a que cumpla una promesa que ha hecho? En momentos como este, podemos caer en la tentación de creer que una vez que Dios haga lo que estamos creyendo que hará, todo será maravilloso y no tendremos más problemas. Pero confiar en Dios a menudo significa enfrentarse a obstáculos y dar saltos de fe.

Haríamos bien en recordar cómo Dios condujo a los israelitas a la Tierra Prometida. Después de cruzar el río Jordán, su viaje no fue fácil. Tuvieron que luchar contra un enemigo tras otro. Cuando aprendieron a apoyarse en Dios y en su fuerza divina, sin depender de sus habilidades humanas, salieron victoriosos.

Cuando estás lleno de esperanza y fe en que Dios va a hacer algo maravilloso en tu vida, es natural que te sientas feliz y entusiasmado. Pero si te enfrentas a un obstáculo inesperado, puedes desanimarte. Si el obstáculo es grande, es posible que a veces quieras rendirte. Cuando las cosas se pongan difíciles en tu camino hacia las promesas de Dios, recuerda a los israelitas y no dejes que las batallas te intimiden. Si algo se vuelve difícil o frustrante, no significa que Dios no te esté guiando. Puede que te haga pasar por una prueba para que te fortalezcas o demuestres tu fe. Puede que te esté haciendo madurar espiritualmente para que seas capaz de recibir las bendiciones que Él quiere traer a tu vida.

Cada vez que te enfrentes a una batalla, recuerda que la batalla pertenece al Señor. Dios no solo te fortalecerá en medio de las dificultades, sino que también luchará por ti.

———————

**Oración:** *Señor, cuando me enfrente a diversas batallas, ayúdame a no confiar en mis propias fuerzas, sino a apoyarme en ti y en tu fuerza, recordando que Tú has luchado por mí.*

# La verdad los hará libres

---

*Conocerán la verdad, y la verdad los hará libres.*

Juan 8:32

Estas palabras de la Escritura de hoy son fundamentales, porque también tienen que ver con tu salud emocional y tu estabilidad. Una persona con un historial de comportamiento emocional desequilibrado puede actuar como lo hace porque no se ha enfrentado a la verdad sobre ciertos asuntos de su vida, tal vez incluso problemas de larga data arraigados en su infancia. No son libres, sino que siguen cautivos de las cosas negativas que les ocurrieron. Hasta que no se enfrenten a las cuestiones dolorosas de su pasado, no empezarán a sanar y a avanzar hacia la plenitud emocional y la libertad. La confrontación no es fácil, pero es más fácil que permanecer en la esclavitud toda la vida.

Mi padre abusó sexualmente de mí. Pensé que alejándome de él se solucionaría el problema. Pero pasaron varios años antes de que me diera cuenta de que el abuso seguía afectando mi personalidad y mi forma de tratar a todos y todo en mi vida. Llevaba una pesada carga de miedo, vergüenza y ansiedad. Mi camino hacia la sanación empezó cuando estuve dispuesta a afrontar el dolor que llevaba dentro y los problemas que causaba en mi vida.

Con el tiempo, aprendí que la gente herida hiere a la gente y pude perdonar a mi padre. Me di cuenta de que lo que me había ocurrido no tenía por qué definir quién era yo. Mi pasado no podía controlar mi futuro a menos que yo se lo permitiera. Necesitaba una gran obra de sanación en mi alma, y cuando me enfrenté a la verdad sobre lo que me había pasado, Dios trajo sanación, integridad y libertad a mi vida. Él hará lo mismo por ti.

---

**Oración:** *Señor, muéstrame la verdad sobre las situaciones que me causan dolor y problemas. Ayúdame a afrontarlas, para que pueda ser liberado.*

# No tienes por qué sentirte abrumado

*Entonces el suegro de Moisés le dijo: No está bien lo que haces. Desfallecerás del todo, tú y también este pueblo que está contigo; porque el trabajo es demasiado pesado para ti; no podrás hacerlo tú solo.*

ÉXODO 18:17-18 RVR60

M oisés era un hombre muy ocupado, hasta el punto de sentirse abrumado y estresado. Como líder de los hijos de Israel, tenía muchas responsabilidades y mucho en qué pensar. La gente acudía a él para que resolviera sus disputas, solucionara sus problemas, les aconsejara y les ayudara de muchas otras maneras. Finalmente, su suegro, Jetro, le dijo que el trabajo era demasiado para él solo y le ayudó a aprender a delegar algunas de sus responsabilidades.

Al leer sobre Moisés y su suegro, tal vez pienses: *¡Me identifico!* Quizá tú también te sientes abrumado. Tal vez las responsabilidades que cargas se han vuelto demasiado pesadas y no te sientes capaz de seguir manejándolas solo.

Estar demasiado estresado y agobiado es algo a lo que todos nos enfrentamos y con lo que a veces tenemos que lidiar. Podemos abordarlo de varias maneras. Podemos cuidarnos físicamente, asegurándonos de comer bien, hacer ejercicio y dormir lo suficiente. Podemos buscar el apoyo de las personas que nos rodean. Podemos aprender a establecer límites saludables y decir no a ciertas cosas. Y, lo mejor de todo, podemos pedirle a Dios que nos ayude.

Dios puede conducirnos a delegar ciertas tareas, a darnos una idea de cómo podemos ser más eficientes, o darnos formas creativas de manejar nuestro estrés. Según Juan 14:26, el Espíritu Santo es nuestro Ayudador, y podemos recurrir a Él en cualquier momento y en cualquier situación. Podemos estar seguros de que, cuando se lo pidamos, Él nos ayudará.

---

**Oración:** *Señor, ayúdame a saber qué hacer cuando me siento desbordado y envíame la ayuda que necesito.*

# Un hogar tranquilo

---

*En cualquier casa que entren, digan primero: "Paz a esta*
*casa". Si hay allí alguien que promueva la paz, la paz de*
*ustedes reinará en ella; y si no, la paz regresará a ustedes.*
*Quédense en esa casa, coman y beban de lo que ellos tengan,*
*porque el trabajador tiene derecho a su salario.*
*No anden de casa en casa.*

Lucas 10:5-7

Durante el ministerio terrenal de Jesús, Él envió a algunos de sus seguidores de dos en dos para hacer la obra de su reino. Básicamente les dijo: "Vayan y busquen una casa y digan: 'Paz a ustedes. Y si su paz se asienta en esa casa, pueden quedarse allí. Si no, sacúdanse el polvo de los pies y sigan adelante" (Mateo 10:12-14; Lucas 10:5-11).

En un momento de mi vida, me sentí repetidamente atraída por estas Escrituras y no sabía por qué. Finalmente me di cuenta de que Dios estaba tratando de ayudarme a entender lo que Jesús estaba diciendo a sus discípulos en la Escritura de hoy. Necesitaba aprender que para poder ministrar con su unción (esto es, con la gracia y el poder del Espíritu Santo en mí), necesitaba vivir en paz.

Mientras seguía estudiando y meditando sobre estos versículos, me di cuenta de que, para servirle de la manera más eficaz, todos necesitamos una base de operaciones tranquila, un lugar desde el que podamos salir y al que podamos volver. Para la mayoría de nosotros, este lugar es nuestro hogar. Si nuestros hogares no son pacíficos, necesitamos hacer todo lo que podamos para ganar y mantener una atmósfera tranquila y pacífica, porque la lucha y la confusión afectan adversamente la unción de Dios que descansa sobre nuestras vidas. Incluso si no puedes tener paz en tu hogar porque las otras personas se niegan a ser pacíficas, puedes permanecer en paz en tu corazón.

Permíteme animarte a hacer todo lo posible para garantizar la paz en tu "base". De ese modo, todos los que vivan y trabajen desde ese lugar lo harán con la gracia y la paz de Dios, y tendrán éxito.

---

**Oración:** *Señor, muéstrame todo lo que necesito hacer para establecer y mantener la paz en mi hogar, y ayúdame a crear una atmósfera pacífica para todos los que viven allí, incluyéndome a mí.*

# Dios restaura el alma

---

*El Señor es mi pastor, nada me falta; en verdes pastos me
hace descansar. Junto a tranquilas aguas me conduce;
me infunde nuevas fuerzas. Me guía por sendas de justicia
haciendo honor a su nombre.*

Salmo 23:1-3

La Escritura de hoy nos recuerda que el Señor es nuestro pastor. Esto significa que Él vela por nosotros y nos guía hacia donde debemos ir. Y como Él cuida de nosotros como un pastor cuida de sus ovejas, nos provee todo lo que necesitamos. Esto no significa que tengamos todo lo que queremos o que no nos falte nada de lo que deseamos. Significa que todas nuestras necesidades reales están cubiertas. No nos falta nada de lo que realmente necesitamos.

El Señor, como nuestro pastor, nos hace "descansar en verdes praderas" y nos conduce "junto a aguas tranquilas". Este es el lugar donde por fin podemos dejar de huir del dolor del pasado y decidir afrontarlo para recibir la sanación emocional y el descanso espiritual y emocional que Dios nos ofrece.

Dios no es solo un pastor y un sanador; también es un restaurador. Promete restaurar nuestras almas. El alma comprende la mente, la voluntad y las emociones. Él sanará y restaurará todo lo que está herido, enfermo o roto en nuestras almas si pedimos su ayuda y cooperamos con su proceso de sanación en nuestra vida. Cuando pasamos tiempo con Dios en su Palabra y en su presencia, aprendemos que Él nos ofrece una nueva vida, una llena de plenitud. Cuando el alma está sana y restaurada, experimentamos gozo y paz, y todo en la vida va mejor. Por favor, anímate a ser restaurado e invita a Dios a los lugares heridos de tu alma.

---

**Oración:** *Gracias, Dios, por ser mi pastor, mi sanador y mi restaurador. En ti tengo todo lo que necesito. Restaura mi alma hoy, te lo ruego.*

# DÍA 13

# Cuídate

---

*Amado, yo deseo que tú seas prosperado en todas las cosas*
*y que tengas salud, así como prospera tu alma.*

3 Juan 2 RVR60

A veces experimentamos dificultades —como la pérdida de un ser querido o la traición de un amigo íntimo— que afectan nuestra vida de forma devastadora. Por experiencia propia, he descubierto que cuando se atraviesa una temporada prolongada de emociones profundamente dolorosas, especialmente el duelo, es importante darse cuenta de que puede ser necesario hacer algunas cosas de forma diferente para gestionar el estrés y la intensidad de los sentimientos. Cuidar de uno mismo y de tus propias necesidades te ayudará a superar la situación de forma saludable.

Cuidarse significa cosas distintas para cada persona. Para algunos puede significar tomarse unos días de vacaciones pagadas para descansar de un entorno de trabajo tóxico o programar un masaje o una manicura regularmente durante un tiempo. Para otros puede significar preparar comidas sanas, hacer ejercicio con frecuencia y dormir lo suficiente por la noche. Los introvertidos pueden querer pasar tiempo leyendo un libro, mientras que los extrovertidos pueden querer comer con amigos o ir a un acto social. No importa lo que hagan las personas que te rodean para cuidarse. *Tú* haz lo que tengas que hacer *tú* para cuidarte.

A veces la gente se siente culpable por cuidar de sí misma y asegurarse de que sus necesidades estén cubiertas. No hay razón para sentirse así. Piensa que te estás haciendo un favor a ti mismo. Cuidar de ti mismo no solo te bendecirá y te ayudará a ti, sino que será una bendición para las personas que se preocupan por ti. Porque si no cuidas de ti, no podrás cuidar de nadie más. Recuerda siempre en los momentos difíciles que los buenos tiempos están por llegar.

---

**Oración:** *Señor, ayúdame a recordar y a encontrar formas creativas de cuidarme en momentos de estrés y emociones intensas.*

# Todo lo que necesitas

---

*Una sola cosa pido al Señor y es lo único que persigo:*
*habitar en la casa del Señor todos los días de mi vida,*
*para contemplar la hermosura del Señor y buscar*
*orientación en su Templo.*

Salmo 27:4

Muchas veces nuestras emociones se alteran porque queremos algo y no lo tenemos. Cuando parece que no podemos conseguir lo que queremos, podemos sentirnos frustrados, enfadados, tristes, confusos, temerosos y envidiosos de los que sí lo consiguen.

Déjame preguntarte hoy: si pudieras pedir solo una cosa, ¿qué sería? En la Escritura de hoy, la "única cosa" que David quiere es estar en la presencia de Dios. Más que cualquier otra cosa, David quería conocer a Dios como realmente es y estar con Él. Cuando sentimos su presencia, todos los demás deseos caen en su lugar. En su presencia encontramos paz perfecta y "plenitud de gozo" (Salmo 16:11 RVR60). Nuestras emociones son estables, felices y reposadas cuando estamos en la presencia de Dios.

Desgraciadamente, podemos distraernos tanto con la prisa y la presión de los detalles de nuestras vidas que descuidamos lo más importante (pasar tiempo en la presencia de Dios) y, en su lugar, perseguimos cosas que, en última instancia, no son importantes. ¡Qué tontos somos al pasarnos la vida buscando cosas que no pueden satisfacernos mientras ignoramos a Dios, la "única cosa" que puede darnos gran alegría, paz, satisfacción y contento! Nunca conoceremos la alegría de buscar a Aquel a quien realmente necesitamos. Un viejo dicho atribuido a Blaise Pascal dice básicamente que en el corazón de cada persona hay un vacío o agujero en forma de Dios que solo Dios puede llenar. No importa con qué otra cosa intentemos llenarlo, seguiremos estando vacíos y frustrados.

Si hoy encuentras tus emociones al límite porque quieres algo que no tienes, tómate tiempo para estar en la presencia de Dios. Cuando lo hagas, encontrarás todo lo que realmente necesitas.

---

**Oración:** *Señor, me arrepiento de buscar cosas que realmente no importan. Ayúdame a encontrar todo lo que necesito al pasar tiempo en tu presencia.*

# Diles a tus emociones que sean pacientes

---

*Luego lo llevó afuera y le dijo:*
*—Mira hacia el cielo y cuenta las estrellas, a ver si puedes.*
*¡Así de numerosa será tu descendencia!*

Génesis 15:5

Dios prometió a Abram (más tarde, Abraham) un hijo. No solo eso, sino que también le prometió una descendencia tan numerosa que sería como las estrellas del cielo. El problema era que Abram y su esposa, Sarai (más tarde, Sara), eran demasiado viejos para tener hijos. Con la avanzada edad que tenían, podríamos pensar que la promesa de Dios habría de cumplirse rápidamente. Pero no fue así. Abram y Sarai tuvieron que esperar veinticinco años para que la promesa de Dios se manifestase en sus vidas.

A menudo tenemos que esperar a que ocurran ciertas cosas que Dios ha prometido, como hicieron Abram y Sarai. Puede que Dios necesite prepararnos para las bendiciones que Él quiere liberar en nuestras vidas. O puede ser que necesitemos un crecimiento espiritual adicional, una mayor estabilidad emocional o una nueva mentalidad antes de poder manejarlas adecuadamente. Mientras esperamos, podemos caer en la tentación de sentirnos impacientes. Podemos dudar o sentirnos frustrados porque nada parece estar sucediendo.

Durante estas temporadas de espera para que se cumplan las promesas de Dios, necesitamos decir a nuestras emociones que se calmen y esperen pacientemente a que Él actúe en nuestro favor. Nuestras emociones pueden ayudarnos a esperar pacíficamente, con alegría y expectación, o pueden mantenernos ansiosos e impacientes.

Dios siempre obra para nuestro bien, aunque no lo veamos. Debemos confiar en su tiempo y sabiduría, sabiendo que cumplirá sus promesas en el momento que sea mejor para nosotros.

---

**Oración:** *Gracias, Dios, por las promesas que me has hecho. Confío en que las cumplirás cuando llegue el momento oportuno. Ayúdame a esperar pacientemente y a no dejar que mis emociones me lleven a la frustración.*

# Controla lo que está bajo tu control

---

*El amor todo lo soporta [independientemente de lo que venga], todo lo cree [buscando lo mejor en cada uno], todo lo espera [permaneciendo firme en los momentos difíciles], todo lo soporta [sin flaquear].*

1 Corintios 13:7 AMP, traducción propia

Cuando pienso en lo que agita nuestras emociones, las cosas hirientes que nos hace la gente están en el primer lugar de la lista, quizá con más frecuencia que cualquier otra cosa. Puesto que no podemos controlar lo que hacen los demás, tenemos que buscar formas de calmar nuestras emociones cuando la gente nos molesta. La Escritura de hoy nos enseña a buscar lo mejor de las cosas, y creo que esto se aplica tanto a las personas como a las situaciones.

Nuestros pensamientos y emociones naturales, sin la influencia del Espíritu Santo, pueden ser negativos. Romanos 8:5 nos enseña que podemos poner nuestra mente en lo que desea la carne (naturaleza humana sin Dios) o en lo que desea el Espíritu Santo. Si ponemos nuestras mentes en la carne, estaremos llenos de sentimientos y actitudes negativas. Pero si ponemos nuestras mentes en el Espíritu, estaremos llenos de vida y paz en nuestras almas, lo cual incluye emociones calmadas. Te animo a que elijas lo que crea paz, porque una vida de confusión emocional nos hace miserables.

Hace años me di cuenta de que la mayor parte de mi confusión emocional provenía de los problemas con la gente. Sabía por experiencia que no podía controlar a las personas y lo que decidían hacer, así que comencé a orar sobre lo que podía hacer para evitar que sus palabras y acciones me molestaran. En respuesta a mis oraciones, y a través del estudio de la Palabra de Dios, comencé a entender y obedecer 1 Corintios 13:7, eligiendo creer lo mejor de todo y de todos.

---

**Oración:** *Ayúdame, Señor, a controlar lo que puedo controlar —mis pensamientos y emociones— mientras confío en ti para manejar lo que no puedo controlar.*

# No dejes que el miedo te empuje

*Porque yo soy el Señor tu Dios, que sostiene tu mano derecha; yo soy quien te dice: "No temas, yo te ayudaré".*

Isaías 41:13

El miedo está en todas partes y todo el mundo tiene que enfrentarse a él en algún momento. Ha afligido a la humanidad desde el principio de los tiempos, y será una emoción con la que la gente lidiará mientras viva. Aunque el miedo nunca desaparecerá totalmente de nuestras vidas, podemos controlarlo si decidimos afrontarlo y resistirlo con la ayuda de Dios.

Nos sorprenderíamos si nos diéramos cuenta de la frecuencia con que nuestras reacciones ante las personas y las situaciones se basan en el miedo. Respondemos por miedo mucho más de lo que pensamos. De hecho, algunas personas pasan toda su vida permitiendo que el miedo dicte sus decisiones y reacciones ante las circunstancias. Esto les impide ser quienes realmente quieren ser, y les hace sentirse insatisfechos y no realizados.

Si eres una de estas personas, permíteme animarte a reconocer tu miedo, porque es una emoción real, pero también puedes seguir adelante a pesar de él. Las personas valientes hacen lo que creen de corazón que deben hacer, sin importarles cómo se sientan o qué tipo de dudas y pensamientos temerosos invadan sus mentes.

El miedo tratará de impedirte hacer lo que Dios te ha llamado a hacer y lo que te gustaría hacer. No permitas que el miedo te impida vivir tu vida al máximo o que te empuje mientras tú simplemente lo soportas. Decide hoy, con la ayuda de Dios, que enfrentarás el miedo de frente, lo vencerás y harás todo lo que puedas para vivir la vida que Él ha planeado para ti, libre de miedo.

---

**Oración:** *Señor, cuando sienta miedo, ayúdame a no dejar que dicte mis decisiones o que me impida vivir la buena vida que Tú quieres que viva.*

# Bendiciones en lugar de juicios

*No juzguen a los demás, y no serán juzgados.*

Mateo 7:1 NTV

A veces, cuando nos sentimos inseguros, rechazados por los demás o inferiores a ellos, nos cuesta admitir simplemente que nos sentimos excluidos, ignorados o, de algún modo, menos que las personas que nos rodean. En lugar de eso, nos volvemos críticos o los juzgamos. Pero no es así como Dios quiere que manejemos nuestras emociones o que tratemos a la gente.

Deberíamos centrarnos en el amor que Dios nos tiene y recordar que nos acepta incondicionalmente (Efesios 1:4-6). Nos llama "la niña de sus ojos" (Deuteronomio 32:10) y dice que estamos inscritos en la palma de su mano (Isaías 49:16). Cuanto más seguros estemos del amor de Dios, menos nos sentiremos críticos o negativos hacia los demás. Cuanto mejor comprendamos el amor que tiene por nosotros, y que nunca podremos merecer, más nos damos cuenta de que Dios ama a todos por igual. No tiene favoritos (Romanos 2:11). Si Él ama a las personas, con su ayuda podemos elegir amarlas también y no juzgarlas.

Observa en la Escritura de hoy que Jesús no solo nos dice que no juzguemos a la gente, sino que también nos explica por qué debemos abstenernos de hacerlo. Es por nuestro propio bien. No debemos juzgar a los demás si no queremos ser juzgados. Cosechamos lo que sembramos (Gálatas 6:7), y si sembramos crítica y juicio, encontraremos gente criticándonos y juzgándonos. Pero si sembramos amor y bendición en otras personas, también experimentaremos amor y bendición.

La próxima vez que sientas la tentación de criticar o juzgar a alguien por cualquier motivo, resiste. En lugar de eso, elige amarlos y bendecirlos.

---

**Oración:** *Señor, cuando me sienta rechazado o inferior a los demás, ayúdame a no juzgar ni criticar. Ayúdame a amar y bendecir a todos los que me rodean.*

# Cómo amar tu vida

---

*Llegué a odiar la vida, porque todo lo que se hace aquí,
bajo el sol, es tan complicado. Nada tiene sentido,
es como perseguir el viento.*

*Llegué a odiar todo el trabajo que hice en este mundo porque
tengo que dejarles a otros lo que yo he ganado.*

**Eclesiastés 2:17-18 NTV**

Salomón, el escritor del pasaje bíblico de hoy, estaba tan estresado que odiaba su vida y terminó insatisfecho y amargado. Son emociones que nadie elegiría.

Entonces, ¿cuál es el secreto de la felicidad y la plenitud en la vida? Creo que es asegurarnos de obedecer la voluntad de Dios y entregarnos a lo que Él nos ha llamado a hacer. Esto no siempre es fácil. A veces luchamos y nos cansamos por el camino.

Permíteme animarte hoy a pensar seriamente en cómo empleas tu tiempo. Según Dios te guíe, recorta actividades y compromisos de tu vida hasta que ya no vivas cada día a un ritmo frenético y acabes sintiéndote estresado.

Primero, date cuenta de que no puedes hacerlo todo. Luego, decide con la ayuda de Dios lo que puedes hacer. Esto te hará más eficaz en lo que debes hacer y aumentará enormemente la paz en tu vida. La paz es poder; sin ella, seguirás frustrado y débil.

Cuando evalúes cómo estás empleando tu tiempo, sigue esta sencilla regla: si te sientes tranquilo, sigue haciéndolo. Si no estás tranquilo, deja de hacerlo. Sentirse resentido o quejarse con frecuencia indica la necesidad de hacer un ajuste. Dios no quiere que termines como Salomón, odiando tu vida y amargado. Su gran deseo es que ames tu vida, que disfrutes hacer su voluntad y que estés satisfecho y en paz mientras cumples su propósito para ti.

---

**Oración:** *Dios, creo que Tú quieres que disfrute de mi vida. Ayúdame a tomar las decisiones que me traigan paz y plenitud cada día.*

# Meditar ayuda a gestionar las emociones

---

*Recita siempre el libro de la Ley y medita en él de día*
*y de noche; cumple con cuidado todo lo que en él está escrito.*
*Así prosperarás y tendrás éxito.*

Josué 1:8

Una de las mejores maneras de manejar nuestras emociones es meditar en la Palabra de Dios y dejar que nos ayude a lidiar con la forma en que nos sentimos. Me encanta que Dios nos diga con frecuencia que meditemos (que reflexionemos seriamente) en su Palabra, como si la masticáramos en nuestra mente como masticamos la comida en la boca.

Recientemente, al meditar en varios pasajes de la Biblia, me di cuenta de que la Palabra esconde tesoros: secretos poderosos y vivificantes que Dios quiere revelarnos. Están ahí para quienes meditan, reflexionan y contemplan la Palabra de Dios.

Si queremos una relación profunda con nuestro Padre celestial, la encontraremos pasando tiempo con Él y en su Palabra de forma regular y diaria. Esto nos hace conscientes de su presencia en nuestra vida y nos permite sentir cómo su Espíritu Santo quiere que vivamos. Al enfocarnos en la Palabra de Dios, alejaremos todo deseo de pecar o de desagradar a Dios de cualquier forma. Ganamos fuerza para manejar nuestras emociones de manera sana y piadosa. Aprendemos a lidiar con la ira y los celos a través del perdón. Encontramos valor para afrontar nuestros miedos. Recibimos el consuelo que Dios nos ofrece durante las temporadas de tristeza o pérdida. Podemos usar la Palabra de Dios para alabarlo cuando ganamos las batallas que enfrentamos en la vida y para expresar nuestro gozo y agradecimiento por todo lo que Dios hace por nosotros y por lo que Él es.

---

**Oración:** *Señor, ayúdame a disciplinarme para meditar en tu Palabra y permitir que me ayude a manejar mis emociones.*

# No dejes que tus emociones te lleven por mal camino

*El corazón es engañoso sobre todas las cosas*
*y no tiene remedio. ¿Quién puede entenderlo?*

Jeremías 17:9

L a Escritura de hoy nos enseña que nuestros corazones son "engañosos sobre todas las cosas". El engaño puede ocurrir cuando creemos que algo no es verdad aunque lo sea, o cuando creemos que algo es verdad cuando no lo es. Podemos caer fácilmente en la trampa del enemigo: el autoengaño. El yo siempre se ayuda a sí mismo a conseguir lo que quiere. Cuando tenemos un fuerte deseo por algo y nuestras emociones están excitadas por ello, podemos engañarnos fácilmente diciéndonos a nosotros mismos lo que queremos oír. Si mi voluntad desea algo, mi mente me dará una variedad de razones por las que debería tenerlo, y mis emociones ciertamente se alinearán con lo que mi voluntad quiere.

Debemos aprender a vivir más profundamente que la superficialidad de nuestras propias mentes, voluntades y emociones. Una vida más profunda significa que vamos más allá de lo que queremos, de lo que pensamos y cómo nos sentimos, y vivir de acuerdo con la Palabra de Dios. Debemos buscar y obedecer humildemente la Palabra de Dios y su voluntad, porque ahí es donde encontramos las verdaderas bendiciones.

Te animo a pasar tiempo regularmente esperando en la presencia de Dios, pidiéndole que te revele cualquier área de tu vida en la que puedas estar engañado. Pon tu confianza en Dios y en su Palabra, y sigue la guía de su Espíritu. No confíes demasiado en tus propios pensamientos, deseos y emociones. Pídele a Dios lo que quieres, pero mantente dispuesto a cambiar si descubres que no es su voluntad para ti. Él siempre hace lo que es mejor para nosotros. Para evitar ser engañados, debemos ser diligentes para permanecer cerca de Él y de su Palabra.

---

**Oración:** *Señor, ayúdame a darme cuenta de que mis sentimientos pueden engañarme. Ayúdame a evitar el engaño y a confiar en tu Palabra y tu Espíritu para que me guíen en lugar de mis emociones.*

# Está bien enfadarse, pero no peques

---

*"Si se enojan, no pequen".* No permitan
que el enojo les dure hasta la puesta del sol.

Efesios 4:26

Nadie llegará a un punto en la vida en el que no experimente una gran variedad de sentimientos. Uno de ellos es la ira. Enojarse hace que muchas personas se sientan culpables y condenadas porque tienen la falsa idea de que los cristianos no deben enojarse sino ser pacíficos todo el tiempo.

Sin embargo, la Biblia no enseña que nunca debemos sentir ira. Enseña que cuando nos enfadamos, no debemos pecar. Más bien, debemos manejar o controlar nuestra ira adecuadamente.

Dios me dio una revelación sobre este versículo una vez que me había enfadado con mi marido, Dave, cuando estaba a punto de salir de casa para ir a predicar. La culpa y la condenación me susurraban: ¿Cómo puedes salir a predicar a los demás después de haberte enfadado tanto esta mañana?

Por supuesto, seguía enfadada, así que incluso esa pregunta me molestaba. Pero Dios me hizo comprender que la ira no es más que una emoción. Como todas las emociones, Dios nos la dio por una razón. Sin la capacidad de enfadarnos, nunca sabríamos cuándo alguien nos maltrata. Sentimos la indignación adecuada cuando otros sufren injusticias. Sin enojo, no nos sentiríamos movidos a actuar o a adoptar una postura contra la injusticia y el mal. El enojo, como el dolor, está ahí para advertirnos de que algo va mal. Esto nos motiva a intentar corregirlo o mejorar la situación.

Como con todas las emociones, Satanás trata de usar y abusar de nuestra cólera y llevarnos al pecado. Pero tenemos el poder de hacerle resistencia.

---

**Oración:** *Ayúdame, Dios, cuando me sienta enojado, a manejarlo de manera positiva para no pecar.*

# Siéntete bien contigo mismo

*Te daré gracias, porque asombrosa
y maravillosamente he sido hecho.*

Salmo 139:14 NBLA

¿Cómo te sientes contigo mismo? ¿Dirías que tienes una imagen sana de ti mismo, aprecias tus puntos fuertes y te quieres, te respetas y piensas bien de ti mismo de forma adecuada? ¿O tienes baja autoestima, piensas demasiado en tus debilidades, te menosprecias en tu mente o con tus palabras y luchas con la autoaceptación? Muchas personas se centran demasiado en sus debilidades y permiten que influyan negativamente en su autoimagen.

Todos tenemos debilidades, pero Dios dice que su "poder se perfecciona en la debilidad" (2 Corintios 12:9). En otras palabras, nuestras debilidades dan a Dios la oportunidad de revelarse y obrar a través de nosotros. Para que Él fluya a través de nosotros, debemos enfrentarnos cara a cara con nuestras debilidades y decidirnos a no dejar que nos molesten. Necesitamos amarnos y aceptarnos incondicionalmente (debilidades, defectos, faltas y todo) porque Dios nos ama y nos acepta incondicionalmente.

Te animo a que, cuando te sientas poco querido o aceptado, te recuerdes a ti mismo que los sentimientos son volubles. Recuerda que Dios te ha creado de una manera única, como una persona especialmente hecha a mano que está "tierna y maravillosamente hecha". Él te ama y te acepta plenamente y tiene un plan maravilloso para tu vida. Tus debilidades e imperfecciones no le impedirán cumplir el propósito que tiene para ti ni obrar a través de ti para bendecir a otros. Repítete a ti mismo que Dios te ama y que no permitirá que tus debilidades te impidan seguirle de todo corazón. Pronto tendrás un nuevo nivel de confianza y fortaleza.

---

**Oración:** *Padre, gracias por la forma única en que me has hecho, con todas mis fortalezas y debilidades. Ayúdame a amarme como Tú me amas.*

# Nadie es perfecto

---

*No hacía falta que nadie le dijera sobre la naturaleza*
*humana, pues él sabía lo que había en*
*el corazón de cada persona.*

**Juan 2:25** NTV

Cuando los discípulos de Jesús le decepcionaron, Él no se sintió desolado, porque ya conocía y entendía totalmente la naturaleza humana, como nos enseña la Escritura de hoy. Una de las principales razones por las que la gente se enfada y se desilusiona en las relaciones es porque tiene expectativas poco realistas de los demás. Debemos esperar lo mejor de la gente, pero al mismo tiempo debemos recordar que son seres humanos con imperfecciones, igual que nosotros.

La gente tiende a querer la perfección en los demás. Quieren el cónyuge perfecto, el amigo perfecto, la familia perfecta, los vecinos perfectos, los compañeros de trabajo perfectos, el pastor perfecto, etcétera. Pero las personas perfectas no existen. Solo Jesús es perfecto. Mientras vivamos en cuerpos terrenales, manifestaremos imperfección.

Dios lo sabe, y por eso Su Palabra nos enseña cómo tratar a las personas que nos irritan o decepcionan. Entre otras cosas, debemos ser amables (Juan 13:34), indulgentes (Lucas 17:1-4) y bondadosos (Efesios 4:32), y debemos soportar a la gente con paciencia (Colosenses 3:13). Las personas no son perfectas, y esperar que no tengan defectos solo conduce a la frustración. Por el contrario, debemos tener expectativas realistas de los demás y proponernos ser pacientes y misericordiosos con ellos, con la ayuda de Dios, como nos gustaría que fueran con nosotros.

Es importante esperar que ocurran cosas buenas en la vida, sabiendo al mismo tiempo que ni las personas ni las situaciones son perfectas. Cuando nos sintamos frustrados con la gente, debemos darnos cuenta de que nuestra actitud en estas situaciones difíciles obstaculiza en gran medida nuestro disfrute de la vida. Podemos ser realistas y mantener una actitud positiva ante nuestras imperfecciones y las de las personas que nos rodean.

---

**Oración:** *Espíritu Santo, ayúdame a no crear expectativas poco realistas para luego decepcionarme. Ayúdame a ser realista y a ser positivo conmigo mismo y con los que me rodean.*

# Confía en Dios cuando las emociones son intensas

*¿Hasta cuándo, Señor, me tendrás en el olvido? ¿Hasta cuándo esconderás de mí tu rostro? ¿Hasta cuándo he de atormentar mi mente con preocupaciones y he de sufrir cada día en mi corazón? ¿Hasta cuándo mi enemigo triunfará sobre mí? Señor y Dios mío, mírame y respóndeme; ilumina mis ojos. Así no caeré en el sueño de la muerte; así no dirá mi enemigo: "Lo he vencido"; así mi adversario no se alegrará de mi caída. Pero yo confío en tu gran amor; mi corazón se alegra en tu salvación. Cantaré salmos al Señor, porque ha sido bueno conmigo.*

Salmo 13:1-6

Si parafraseáramos el pasaje bíblico de hoy en lenguaje contemporáneo, podría sonar algo así: "Dios, estoy sufriendo mucho. Estoy desesperado por ti. ¿Te has olvidado de mí? ¿Cuánto tiempo vas a esperar antes de hacer algo por mí? ¿Por cuánto tiempo más mis enemigos van a prevalecer? Mira por lo que estoy pasando. Ayúdame, para que mis enemigos no me venzan y se regocijen en mi sufrimiento. Dios, confío en tu amor, que nunca falla. Me regocijaré y tendré una buena actitud por tu salvación y tus promesas de amor y misericordia. Te alabo, Señor, porque has sido bueno conmigo. Tú eres bueno todo el tiempo, incluso cuando estoy desanimado. Confío en Ti y te alabo en medio de mis problemas".

Este salmo describe el principio en el que nos centramos en este devocional. Estamos aprendiendo que no tenemos que negar que nuestras emociones existen. Pueden ser intensas, pero no tenemos que dejar que nos controlen. Podemos sentir nuestros sentimientos, pero no tenemos que seguirlos. No siempre podemos cambiar lo que sentimos, pero podemos elegir lo que hacemos en cada situación.

---

**Oración:** *Ayúdame, Señor, a prestar atención a cómo me siento y a tomar buenas decisiones cuando trato con mis emociones.*

# Emociónate con Dios

*[Las mujeres] que conocían bien el oficio y se sintieron*
*movidas a hacerlo, torcieron hilo de pelo de cabra.*

Éxodo 35:26

Cuando la gente piensa en gestionar sus emociones, suele pensar en controlar la ira, miedo u otros sentimientos negativos. Pero también podemos manejar nuestras emociones positivas, como la alegría y el entusiasmo. Podemos estar entusiasmados con Dios y con lo que nos llama a hacer.

En la Escritura de hoy, leemos que las mujeres que hilaban pelo de cabra "se sintieron movidas", lo que describe su entusiasmo. ¿Por qué estaban tan motivadas? Por la construcción del tabernáculo, un santuario portátil donde los israelitas podían adorar a Dios durante su viaje por el desierto (Éxodo 35).

No hay nada en la tierra por lo que merezca la pena entusiasmarse tanto como por Dios. Y no hay nada mejor en lo que invertir nuestro entusiasmo y energía que en las tareas que Él nos da. Pablo nos anima en Romanos 12:11: "Nunca dejen de ser diligentes; antes bien, sirvan al Señor con el fervor que da el Espíritu".

Una persona no tiene que estar en el ministerio a tiempo completo para servir al Señor. Puedes servirle cuando amas a tu familia, cuando eres amable con la gente en el supermercado o cuando haces tu trabajo con excelencia e integridad. Como sea y donde sea que le sirvas, asegúrate de hacerlo con gozo.

Si te encuentras falto de celo o entusiasmo, tómate tiempo para reanimarte pasando tiempo en la presencia de Dios y pensando en lo maravilloso que es. El entusiasmo es contagioso, así que habla con un compañero creyente (alguien que esté entusiasmado con Dios y sirviéndole con alegría) y deja que su alegría te influya. Dios es asombroso, ¡y vale la pena entusiasmarse por Él!

---

**Oración:** *Gracias, Dios, por ser tan maravilloso. Ayúdame a mantenerme alegre y entusiasmado contigo y con lo que me has llamado a hacer.*

# Sacúdete

---

*Si en algún lugar no los reciben bien o no los escuchan, salgan de allí y sacúdanse el polvo de los pies, como un testimonio contra ellos.*

Marcos 6:11

Considerarse rechazado o no deseado es difícil y doloroso, pero a todos nos pasa alguna vez. Como humanos que somos, tenemos que darnos cuenta de que no siempre gustaremos a todo el mundo ni nos aceptarán. Cuando otros nos rechazan, tenemos que elegir: podemos dejar que eso hiera nuestros sentimientos, que nos haga sentir mal con nosotros mismos y regodearnos en ello, o podemos sacudirnos y no permitir que nos moleste.

La Escritura de hoy es una instrucción que Jesús dio a sus discípulos cuando los envió a predicar y ministrar en varios pueblos. Sabiendo que no serían bienvenidos en todas partes, los preparó de antemano para lidiar con el rechazo que enfrentarían. En el lenguaje de hoy, les diría que "se sacudieran". No quería que el rechazo les molestara, sino que lo olvidaran y siguieran adelante.

El consejo que Jesús dio a sus discípulos hace años es exactamente lo que debemos hacer hoy. Cuando la gente nos rechaza, nos ignora, nos excluye, no está contenta con nosotros, no le gustamos o no nos acepta, podemos sacudirnos y seguir adelante. Podemos hacerlo porque estamos seguros del amor y la aceptación totales e incondicionales de Dios.

Cuando un insecto se posa en tu brazo, te lo sacudes de encima simplemente. No sigues pensando en ello durante horas, semanas o años. Pero el rechazo puede ser tan doloroso que lo sentimos durante mucho tiempo. No dejes que eso te ocurra. La próxima vez que alguien te rechace, ¡sacúdetelo de encima!

---

**Oración:** *Cuando me sienta rechazado, Señor, ayúdame a sacudírmelo de encima, recordando que Tú me amas y me aceptas incondicionalmente.*

# El tiempo de Dios es perfecto

*Yo enviaré lluvia a su debido tiempo, y la tierra*
*y los árboles del campo darán sus frutos.*

Levítico 26:4

En el versículo de hoy, Dios promete enviar la lluvia "a su debido tiempo". Podemos aprender mucho sobre cómo manejar ciertas emociones a partir de esta idea de "a su debido tiempo". Significa que Dios tiene un tiempo específico para satisfacer nuestras necesidades o liberar las bendiciones que tiene para nosotros. Su tiempo no es siempre nuestro tiempo, y Él no siempre hace las cosas por nosotros cuando pensamos que debería. Pero Él sabe infinitamente más que nosotros, y su tiempo es perfecto.

Cuando comprendemos que Dios tiene un momento oportuno para todas las cosas, podemos manejar eficazmente emociones como el miedo, la frustración y la preocupación. Podemos relajarnos, ser pacientes y confiar en que Él hará exactamente lo que necesitamos que haga cuando sea el momento adecuado. No tenemos que forzar nada para que suceda. Simplemente podemos descansar en Dios hasta que suceda.

Cada persona que camina con Dios tiene la oportunidad y la responsabilidad de rendir su voluntad a la voluntad divina, los propósitos y el plan de Dios. Y el tiempo forma parte de Su voluntad. A menudo, el desarrollo de la voluntad de Dios lleva tiempo (a veces mucho más de lo que nos gustaría) y debemos pasar por temporadas de espera.

La espera es más fácil de soportar cuando tomamos varias decisiones acertadas al respecto. En primer lugar, decidimos creer que el tiempo de Dios es perfecto. En segundo lugar, decidimos mantener un alto nivel de fe y confianza en Él. Tercero, usamos nuestro tiempo de espera para servirle y para hacer el bien a otras personas lo mejor que podamos. Si estás esperando algo hoy, anímate. Dios te lo enviará a su debido tiempo.

---

**Oración:** *Gracias, Dios, por tu tiempo perfecto en mi vida. Ayúdame a esperar bien.*

# Dios dirige nuestros pasos

*El corazón del hombre traza su rumbo,*
*pero sus pasos los dirige el Señor.*

Proverbios 16:9

La Escritura de hoy ha estabilizado mis emociones muchas veces, junto con Proverbios 20:24, que dice: "Los pasos del hombre los dirige el Señor. ¿Cómo puede el hombre entender su propio camino?".

A veces me siento frustrada cuando tengo prisa por llegar a algún sitio y me encuentro en un atasco. Al principio, tengo una sensación abrumadora, y luego me irrito. Entonces me digo: "Bueno, ya que Dios dirige mis pasos, me calmaré y daré gracias a Dios por estar justo donde Él quiere". También me recuerdo a mí misma que Dios puede estar salvándome de un accidente más adelante al mantenerme donde estoy. Él siempre sabe más que nosotros y puede verlo todo. Confiar en Dios es absolutamente maravilloso porque calma nuestros pensamientos y emociones salvajes cuando las cosas no salen como las habíamos planeado.

¿Cómo reaccionas cuando te sientes frustrado o decepcionado? ¿Cuánto tiempo te tardas en hacer una transición? ¿Actúas desde la Palabra de Dios o simplemente reaccionas emocionalmente ante las circunstancias? ¿Dejas que tu entorno controle tu estado de ánimo, o dejas que el Espíritu Santo guíe tu respuesta ante lo que está pasando a tu alrededor?

Confiar plenamente en Dios y creer que su plan para ti es infinitamente mejor que el tuyo propio evitará que te sientas frustrado cuando las cosas no salgan como tú quieres. Es imposible enfadarse con alguien que realmente crees que tiene en mente lo mejor para ti, y Dios siempre lo hace.

---

**Oración:** *Dios, confío plenamente en Ti, sabiendo que tus planes para mí son infinitamente mejores que los míos y que Tú diriges mis pasos.*

# Usa buen combustible

---

*En la lengua hay poder de vida y muerte; quienes la aman comerán de su fruto.*

Proverbios 18:21

¿Te has dado cuenta de que lo que dices puede influenciar lo que piensas o dirigir cómo te sientes? Nuestras palabras pueden ser el combustible de nuestros pensamientos y emociones, y les dan expresión verbal. Sentirse enfadado, temeroso o deprimido no es bueno para nosotros, pero verbalizar estas emociones negativas empeora aún más la situación y nos afecta más de lo que creemos.

Las palabras son contenedores de poder y, como tales, tienen un efecto directo sobre nuestras emociones. Las palabras alimentan el buen humor o el mal humor. También alimentan nuestras actitudes y tienen un enorme impacto en nuestras vidas y nuestras relaciones. Proverbios 15:23 dice: "El hombre se alegra con la respuesta adecuada, y una palabra a tiempo, ¡cuán agradable es!" (NBLA).

La Escritura de hoy nos enseña que "la lengua puede traer vida o muerte; los que hablan mucho cosecharán las consecuencias" (NTV). El mensaje no puede ser más claro. Si hablamos cosas buenas y positivas que se alinean con la Palabra de Dios, entonces nos ministramos vida a nosotros mismos. Aumentamos nuestro gozo. Pero si decimos palabras negativas, entonces nos ministramos muerte y miseria a nosotros mismos; aumentamos nuestra tristeza, y nuestro estado de ánimo decae.

¿Por qué no te ayudas a ti mismo a primera hora de cada día? No te levantes cada mañana y esperes a ver cómo te sientes, para luego ensayar cada sentimiento con tus palabras. Esto da a tus emociones autoridad sobre ti. En su lugar, toma autoridad sobre tus emociones con tus palabras y prepárate para un gran día.

---

**Oración:** *Señor, ayúdame a ayudarme a mí mismo hoy utilizando mis palabras para alimentar un buen estado de ánimo y emociones positivas.*

# Sin miedo al amor

*En el amor no hay temor, sino que el amor perfecto echa*
*fuera el temor. El que teme espera el castigo, así que no ha*
*sido perfeccionado en el amor.*

1 Juan 4:18

Todos sentimos a veces la tentación del miedo, pero no debemos ceder a ella, porque Dios nos ama perfectamente y su amor aleja el miedo de nuestras vidas. Porque nos ama, Él nos cuida y nos ayuda. Podemos descansar en su amor, confiados y seguros de que nunca decae. Él nos ama todo el tiempo, en cualquier situación.

Cuando nos damos cuenta de que permitimos que el miedo nos domine o influya en nuestras decisiones, es señal de que necesitamos crecer espiritualmente y seguir aprendiendo y experimentando el amor de Dios por nosotros.

El apóstol Pablo escribe que nada, por malo que parezca, puede quitarnos el amor de Dios ni alejarnos de Él.

Pues estoy convencido de que ni la muerte ni la vida,
ni los ángeles ni los demonios, ni lo presente ni lo por
venir, ni los poderes, ni lo alto ni lo profundo, ni cosa
alguna en toda la creación podrá apartarnos del amor
que Dios nos ha manifestado en Cristo Jesús, nuestro Señor.

Romanos 8:38-39

Fíjate en la confianza que se desprende de este pasaje.
Pablo dice estar "convencido" de que nada puede separar-
nos del amor de Dios. Dice que nada "en toda la creación"
puede poner una cuña entre nosotros y el amor de Dios.
Esto incluye cualquier situación que estés afrontando en
este momento. Puedes confiar y descansar en la seguridad de su amor por ti.

Cuando sientas miedo, puedes afrontarlo pensando
en lo mucho y perfecto del amor de Dios por ti. Esto te
hará fuerte, intrépido, seguro y confiado.

---

**Oración:** *Gracias, Dios, por amarme perfectamente. Ayúda-*
*me a recordar que tu amor echa fuera el temor.*

# Pregúntale a Dios
# por tus sentimientos

---

*Mientras guardé silencio [antes de confesarme], mis huesos*
*se fueron consumiendo por mi gemir de todo el día.*

Salmo 32:3

Algunas veces nos sentimos más emocionales que otras. Esto ocurre por varias razones. Quizá no hemos dormido bien la noche anterior o hemos comido algo que nos ha hecho sentir letárgicos o malhumorados. Un día en el que nuestras emociones estén alteradas no es algo que deba preocuparnos demasiado.

Sin embargo, a veces estamos afectados porque algo nos disgustó el día anterior y no lo resolvimos. A menudo reprimimos nuestros sentimientos y fingimos que no los tenemos en lugar de afrontarlos. Las personas que evitan la confrontación suelen vivir con el alma llena de asuntos sin resolver, y estas situaciones necesitan un cierre antes de que llegue la plenitud emocional.

Recuerdo que una noche no pude dormir, algo poco habitual en mí. Al final, hacia las cinco de la mañana siguiente, le pregunté a Dios qué me pasaba. Inmediatamente recordé que el día anterior había sido grosera con alguien. En lugar de disculparme y pedir perdón a Dios, me apresuré a hacer lo que tenía que hacer. Obviamente, el Espíritu Santo me estaba hablando de mi comportamiento. Mi mente consciente lo había enterrado, pero la mente del Espíritu quería sacarlo a la superficie para que yo pudiera lidiar con ello. En cuanto le pedí perdón a Dios y me comprometí a disculparme con la persona, pude irme a dormir.

Si te sientes inusualmente triste o como si llevaras una pesada carga que no entiendes, pregúntale a Dios qué te pasa. Es asombroso lo que podemos aprender simplemente pidiéndole una respuesta y estando dispuestos a afrontar cualquier verdad que Él pueda revelar sobre nosotros o nuestro comportamiento.

---

**Oración:** *Muéstrame, Señor, cualquier cosa que haya hecho que esté afectando mis emociones de manera negativa, y ayúdame a saber cómo resolverla.*

# Emociones bajo presión

---

*Pero tú, Señor de los Ejércitos, que juzgas con justicia, que pruebas la mente y el corazón, ¡déjame ver cómo te vengas de ellos, porque en tus manos he puesto mi causa!*

Jeremías 11:20

La Escritura de hoy nos dice que Dios prueba nuestros corazones (la sede de nuestras emociones) y nuestras mentes. Cuando queremos probar algo, presionamos sobre ello para ver si hará lo que dice que hará, para ver si resistirá la presión. Dios hace lo mismo con nosotros. Cuando oramos, pidiéndole que nos use o que nos dé algo o que nos bendiga de alguna manera, su respuesta es a menudo "Déjame probarte primero. Déjame ponerte a prueba". Él quiere asegurarse de que somos lo suficientemente fuertes para manejar la situación.

Cada día nos encontramos con muchas situaciones que no son más que pruebas. A veces ponen a prueba nuestra integridad, como cuando un cajero nos da demasiado cambio y tenemos que decidir si hacemos lo correcto y se lo devolvemos. Y a veces ponen a prueba nuestras emociones. Por ejemplo, si tenemos que esperar mesa en un restaurante y luego nos sirven mal la comida, es una prueba. ¿Nos sentiremos frustrados o mantendremos la calma? Puede que esperemos una invitación a una reunión. Si no la conseguimos, ¿nos sentiremos celosos de los que están invitados, o simplemente encontraremos otra cosa que hacer? En la escuela de Dios, no suspendemos; podemos seguir tomando nuestros exámenes una y otra vez hasta aprobar. La próxima vez que sientas presión emocional, dite a ti mismo: "Esto es un examen, y quiero aprobarlo". Date cuenta de que las pruebas de Dios siempre tienen un propósito y que, en última instancia, te llevarán a la bendición.

***

**Oración:** *Ayúdame, Señor, a reconocer las pruebas que me pones y a responder a ellas como Tú quieres que responda.*

# Sin culpas

---

*Te confesé mi pecado y no te oculté mi maldad. Me dije: "Voy a confesar mis transgresiones al Señor". Y tú perdonaste la culpa de mi pecado.*

Salmo 32:5

La culpa es el sentimiento de responsabilidad que sentimos cuando algo doloroso o negativo nos ocurre personalmente o cuando hemos hecho algo que ha perjudicado o causado dificultades a otra persona. Es un sentimiento de arrepentimiento por algo que hemos hecho o por algo que hemos dejado de hacer. La culpa es un sentimiento terrible de soportar y no estamos hechos para llevarla dentro. Afecta a nuestra personalidad, daña nuestra alma, nos roba la paz y empaña nuestra alegría. Puede llegar a ser como una prisión sin puertas. La culpa nos hace sentir que, de alguna manera, tenemos que compensar el mal que cometimos o que creemos haber cometido. El peso de la culpa, combinado con el sentimiento de que tenemos que compensar lo que hemos hecho o dejado de hacer, nos lleva a una vida difícil e infeliz.

La buena noticia del Evangelio es que Jesús ha pagado por cada pecado que cometeremos en el futuro y por cada mal que ya hemos hecho. Según Romanos 8:1, no hay condenación para los que están en Él. No ignoramos nuestros pecados. Los confesamos, como leemos en la Escritura de hoy. Y cuando reconocemos nuestro pecado ante Dios y nos arrepentimos, Él nos perdona al instante. Cuando el pecado desaparece, no tenemos razón para sentirnos culpables. Puede que el sentimiento de culpa no desaparezca inmediatamente, pero podemos decir: "Estoy perdonado y la culpa ha desaparecido". Cuando tomamos la decisión de confiar en el perdón y la limpieza que Jesús ha comprado para nosotros, nuestras emociones eventualmente se pondrán al día con nuestra decisión.

---

**Oración:** *Gracias, Jesús, por pagar el precio necesario para perdonar mis pecados y liberarme de la culpa. Hoy, elijo caminar en lo que Tú has previsto para mí.*

# Confía en Cristo

---

*Porque nosotros somos la verdadera circuncisión,*
*que adoramos en el Espíritu de Dios y nos gloriamos*
*en Cristo Jesús, no poniendo la confianza en la carne,*
*aunque yo mismo podría confiar también en la carne.*

Filipenses 3:3-4

Es fácil "no confiar en la carne" (es decir, en nosotros mismos) si creemos que no tenemos nada de qué fiarnos. Pero si tenemos muchas razones naturales para tener confianza en nosotros, es muy difícil aprender que poner nuestra confianza en alguien que no sea Cristo es una tontería y una pérdida de tiempo. En realidad, obstaculiza nuestro éxito en lugar de ayudarlo.

Dios quiere que dependamos totalmente de Él en lugar de ser independientes. En Juan 15:5, Jesús nos enseña que, si permanecemos vitalmente conectados a Él, tendremos vidas fructíferas y productivas en los aspectos que realmente importan. También dice que separados de Él, no podemos hacer nada. Todo nuestro supuesto éxito viene de nuestra relación con Él, por lo que no tenemos motivos para sentirnos seguros de nosotros mismos. Tenemos todos los motivos para confiar en Dios.

Jesús llama a los que están cansados y agobiados a que vengan a Él y les dice que Él les dará descanso para sus almas (Mateo 11:28-29). Creo que esta invitación es especialmente aplicable a todas las personas autosuficientes y seguras de sí mismas que están cansadas de intentar hacer las cosas por sí mismas. El apóstol Pablo, autor del pasaje bíblico de hoy, podría haberse sentido seguro de sí mismo por su ascendencia judía y sus muchos e impresionantes logros antes de conocer a Cristo. Pero una vez que conoció a Cristo y experimentó su gracia, se dio cuenta de que nada de lo que hacía tenía valor si Jesús no era lo primero en su vida en todo momento y en todas las cosas. ¡Qué gran ejemplo para ti y para mí!

---

**Oración:** *Jesús, ayúdame a recordar que aparte de Ti, no puedo hacer nada, y que debo poner mi confianza solo en Ti.*

# Caminar con el favor de Dios

---

*Porque tú, Señor, bendices al justo;*
*cual escudo lo rodeas con tu buena voluntad.*

Salmo 5:12

Hay días en que nos sentimos muy bien con nosotros mismos y con todo lo que nos rodea, seguros de que podríamos conquistar el mundo. Luego, hay días en los que nos sentimos derrotados incluso antes de levantarnos de la cama. Debemos recordar que los sentimientos son volubles, pero la verdad de Dios es inmutable. Una de las verdades que nos ayudará a encontrar estabilidad cuando nuestras emociones estén alocadas es el hecho de que Dios nos ha dado su favor. Esto significa que Él nos bendice de maneras inesperadas, nos da oportunidades que pensamos no merecer o no haber ganado, y por medio de su gracia hace que las cosas que deberían haber sido difíciles para nosotros sean fáciles.

Sabemos que tenemos el favor de Dios porque la Escritura de hoy dice que Él rodea al justo con su buena voluntad "cual escudo". Puede que no siempre te sientas justo, pero como creyente en Jesús, lo eres. Él te ha hecho justo a través de su muerte en la cruz, donde tomó tus pecados (pasados, presentes y futuros) y te proporcionó limpieza y perdón.

Aunque la Biblia dice que tenemos el favor de Dios, a menudo no actuamos como si lo tuviéramos. Una razón por la que no aprovechamos las bendiciones de Dios es que no creemos merecerlas. Otra razón es que no se nos ha enseñado que las bendiciones de Dios pueden ser nuestras. En consecuencia, no hemos activado nuestra fe en esta área. Así que vagamos por la vida, aceptando todo lo que el diablo nos lanza sin resistirle nunca y sin reclamar lo que es legítimamente nuestro.

Recibamos por fe el favor con el que Dios nos ha bendecido, esperándolo dondequiera que vayamos, con cada persona que nos encontremos.

_____

**Oración:** *Gracias, Jesús, por hacerme justo y por el favor de Dios que descansa sobre mi vida. Ayúdame a creerlo y a recibirlo.*

# Siente la libertad

---

*¿Qué Dios hay como Tú, que perdona la iniquidad*
*y pasa por alto la rebeldía del remanente de su heredad?*
*No persistirá en su ira para siempre,*
*porque se complace en la misericordia.*

**Miqueas 7:18** NBLA

Ningún ser humano es perfecto. Todos pecamos a veces (Romanos 3:23), y cuando lo hacemos, a menudo nos sentimos mal con nosotros mismos. A veces incluso pensamos que podemos castigarnos si nos sentimos lo suficientemente culpables de nuestro pecado. Esto no es verdad. El pecado tiene un alto precio, pero Jesús lo ha pagado por completo. Cuando murió en la cruz, nos perdonó todos nuestros pecados, pasados, presentes y futuros.

Cuando pedimos perdón a Dios, Él nos perdona inmediatamente e incluso olvida nuestros pecados por completo (Isaías 43:25). Nos muestra su misericordia sin ataduras. Incluso si hay consecuencias del pecado, podemos seguir adelante libres de culpa, arrepentimiento o vergüenza, porque el perdón de Dios nos limpia a fondo y su misericordia nos da un nuevo comienzo. Durante años, fui una persona rígida y legalista. Nunca había experimentado la misericordia, así que no sabía cómo recibirla de Dios o darla a los demás. Afortunadamente, Dios me ha ayudado en esta área. Ahora, cuando peco, me arrepiento y recibo inmediatamente la misericordia de Dios. Me siento mal por los errores que cometo y lamento haberlos cometido, pero me niego a vivir esclavizada por la culpa y la condenación.

Saber que Dios nos ha perdonado y que su misericordia está siempre a nuestra disposición debería capacitarnos para resistir emociones negativas como la vergüenza y la culpa. Jesús vino a darnos una vida maravillosa y abundante, y el perdón y la misericordia de Dios nos liberan para disfrutarla.

---

**Oración:** *Ayúdame, Dios, a recordar que eres misericordioso y a recibir tu misericordia y la libertad que me ofreces cuando me arrepiento de mis pecados.*

# No dejes que el razonamiento te robe la paz

*Y discutían entre sí, diciendo: Es porque no trajimos pan.*

Marcos 8:16 RVR60

La Escritura de hoy es parte de una historia en la que los discípulos de Jesús no entendieron algo que Él dijo. Cuando la Biblia dice que "discutían entre sí", significa simplemente que trataron de entender lo que Él quería decir. Razonar, en este sentido, significa utilizar el esfuerzo natural y humano para tratar de entender o comprender algo. Nos roba la paz y mantiene nuestras mentes y emociones revueltas.

Los discípulos a menudo se enzarzaban en razonamientos cuando lo que realmente necesitaban era la revelación del Espíritu Santo. Él es capaz de darnos la perspicacia y la comprensión que necesitamos en cualquier situación, por confusa que parezca.

Yo era adicta a razonar. No importaba lo que sucediera, no disciplinaba mi mente y pasaba demasiado tiempo tratando de descifrarlo. El Espíritu Santo eventualmente me ayudó a entender que mientras estuviera atrapada en el razonamiento, no podría caminar en discernimiento. El discernimiento empieza en el corazón e ilumina la mente. Es espiritual, no natural. El Espíritu Santo no nos ayuda a razonar, pero sí a discernir.

Cuando necesitamos entender algo, Dios ciertamente quiere que usemos las buenas mentes que nos ha dado y que empleemos el sentido común. Pero cuando nuestros pensamientos se enredan y perdemos la paz porque no podemos entender algo, hemos ido demasiado lejos. En ese momento, simplemente tenemos que pedirle a Dios que nos haga discernir, esperar a que Él nos revele lo que necesitamos saber y elegir estar en paz.

---

**Oración:** *Cuando tenga la tentación de razonar, Señor, ayúdame a parar y renueva mi fe en Ti.*

# Cómo tratar
# a un alma abatida

*¿Por qué estás tan abatida, alma mía? ¿Por qué estás tan*
*angustiada? En Dios pondré mi esperanza y lo seguiré*
*alabando. ¡Él es mi Salvador y mi Dios!*

Salmo 43:5

Quizás sepas que el alma se compone de la mente,
la voluntad (capacidad de tomar decisiones) y las
emociones. Según la Escritura de hoy, el alma puede aba-
tirse o desanimarse y perturbarse, del mismo modo que
puede alegrarse y entusiasmarse. Cuando somos felices
en nuestra alma, simplemente disfrutamos de la felicidad.
Pero cuando no lo somos, tenemos que lidiar con nuestras emociones.

El desánimo destruye la esperanza. Y sin esperanza
nos rendimos. También nos roba la alegría, y la alegría
del Señor es nuestra fuerza (Nehemías 8:10). Además,
nos roba la paz, y Dios quiere que vivamos en paz, sin
angustiarnos por nada (Filipenses 4:6-7). Así que es muy

importante que aprendamos a manejar el desánimo cuando lo sentimos.

Cuando el desánimo intente apoderarse de ti o cuando tu alma se sienta perturbada, empieza a liberarte de él examinando tus pensamientos. Lo que piensas y permites que arraigue en tu mente afecta fuertemente a tus emociones. Piensa en cosas desalentadoras y te desanimarás. Cuando cambies tu mentalidad y empieces a pensar en positivo, tus emociones mejorarán.

En lugar de pensar negativamente, piensa más bien así: "Bueno, las cosas van despacio, pero, gracias a Dios, estoy progresando. Estoy en el buen camino. Ayer tuve un día difícil, pero hoy es un nuevo día, y Dios me está ayudando". Practica este tipo de pensamiento optimista, positivo y piadoso, y vencerás siempre al desánimo y al desaliento.

---

**Oración:** *Gracias por amarme, Señor. Ayúdame a pensar de manera que me anime, me dé esperanza y traiga paz a mi alma.*

# Hay algo bueno esperándote

---

*Porque yo conozco los planes que tengo para ustedes
—afirma el Señor—, planes de bienestar y no de
calamidad, a fin de darles un futuro y una esperanza.*
Jeremías 29:11

La pérdida forma parte de la vida. Las pérdidas importantes pueden ser muy emotivas, y una de las razones es que a menudo son permanentes. Aunque una pérdida dolorosa puede ir seguida de algo alegre y maravilloso, la pérdida en sí no puede deshacerse, y las emociones que provoca deben ser atendidas.

Ya se trate de la pérdida de un cónyuge, un amigo o un familiar, un trabajo, un hogar o cualquier otra cosa importante para nosotros, debemos pasar por ello. Acercarse a Dios a través de la oración y su Palabra es extremadamente útil, y participar en grupos de apoyo o ir a terapia también puede ser beneficioso.

Si hoy estás viviendo una pérdida, te animo a que afrontes tu dolor, no a que huyas de él. Procésalo como

Dios te indique, y abre tu corazón a la esperanza, creyendo que algo bueno te espera al otro lado de tu pérdida. Puede ser una nueva relación, la capacidad de ayudar a otros en una situación similar a la que has pasado, o un nuevo trabajo que te satisfaga más que el anterior.

Cuando te enfrentas a una pérdida, puedes elegir y decidir seguir adelante. Esta decisión no eliminará las emociones que sientes, pero estas disminuirán a medida que pase el tiempo y empieces a disfrutar de la vida de nuevo. Si te sientes atascado en el dolor y la pérdida, eso puede cambiar hoy si decides seguir adelante con la ayuda de Dios.

---

**Oración:** *Cuando me enfrente a pérdidas en mi vida, Señor, ayúdame a recurrir a Ti para que me ayudes y me des fuerzas para seguir adelante, creyendo que algo bueno me espera en el futuro.*

# Obedecer cuando no nos apetece

---

*Les aseguro —respondió Jesús— que todo el que por mi*
*causa y la del evangelio haya dejado casa, hermanos,*
*hermanas, madre, padre, hijos o terrenos, recibirá cien veces*
*más ahora en este tiempo (casas, hermanos, hermanas,*
*madres, hijos y terrenos, aunque con persecuciones);*
*y en la edad venidera, la vida eterna.*

Marcos 10:29-30

Una de las emociones que a veces tenemos que gestionar es la sensación de que simplemente no queremos hacer algo que debemos hacer. Puede que nos resulte incómodo o que simplemente no nos guste. En otras palabras, no queremos sacrificarnos. Pero muchas veces, obedecer a Dios requiere renunciar a algo o hacer lo que preferiríamos no hacer. Para seguir su voluntad en nuestra vida, tenemos que aceptar el hecho de que, a menudo, es necesario hacer algún tipo de sacrificio y estar dispuestos a obedecer lo que Él nos pida.

En el pasaje bíblico de hoy, Jesús promete recompensar a los que se sacrifican por Él. Dice que la recompensa vendrá tanto en la tierra como en la vida eterna. A veces pide obediencia radical, y la obediencia radical da grandes dividendos. Nos lleva al gozo y la paz que experimentamos cuando sabemos que estamos caminando en la voluntad de Dios y a las otras recompensas que Él ha prometido. Dios siempre es consciente de lo que sacrificamos y sabe cómo bendecirnos de manera que nos alegramos de haberle obedecido.

Obedecer a Dios siempre trae una recompensa. Puede que no sea exactamente lo que pensamos que debería ser, pero siempre es lo mejor para nosotros. Tal vez no llegue cuando pensamos que debería llegar, pero llegará justo a tiempo. He descubierto que Dios sabe bien cómo recompensarnos. Cuando nos sacrificamos para obedecerle, Él nos bendice de maneras asombrosas.

------

**Oración:** *Señor, ayúdame a estar dispuesto a renunciar a lo que sea necesario para obedecerte y experimentar las bendiciones que tienes para mí.*

# Puedes liberarte de la vergüenza

---

*La humillación no me deja un solo instante;*
*se me cae la cara de vergüenza.*

Salmo 44:15

¿Alguna vez te has sentido como el autor de la Escritura de hoy, como si fueras por la vida vestido con una capa de vergüenza? Me sentí así durante años y sé que es terrible. También sé que hay esperanza.

Muchas personas están "enraizadas" en la vergüenza. Esto significa que su vergüenza es tan profunda que funciona como la raíz de un árbol y produce "frutos" en forma de pensamientos y comportamientos malsanos que afectan negativamente sus vidas y relaciones. La vergüenza es diferente de la culpa y afecta a las personas más profundamente que esta. La culpa normal nos hace sentir abochornados, arrepentidos o mal por algo que hemos hecho, mientras que la vergüenza nos hace sentir mal por lo que somos.

Cuando tú y yo cometemos errores o pecados, nos sentimos mal hasta que nos arrepentimos y somos perdonados. Entonces somos capaces de dejarlo atrás y seguir adelante sin ningún daño duradero. Pero cuando las personas están arraigadas en la vergüenza, esta afecta a todo en sus vidas. Tienen actitudes y sentimientos negativos tan profundos hacia sí mismos que su negatividad envenena todo lo que intentan lograr. Tienen más dificultades que las personas que no afrontan la vergüenza y parecen condenadas al fracaso porque no tienen confianza en sí mismas.

Según Hebreos 12:2, Jesús llevó nuestra vergüenza por nosotros en la cruz. Esto incluye tanto la vergüenza que cualquiera sentiría en ciertas situaciones como la vergüenza profundamente arraigada que afecta a algunas personas. No tienes que vivir avergonzado de lo que eres. Jesús te ha liberado.

---

**Oración:** *Gracias, Jesús, por tu obra en la cruz y por abrirme un camino para vivir libre de vergüenza. Sana mi corazón, te lo ruego.*

DÍA 43

# Estás completo en Cristo

---

*Aunque yo sea mi propio testigo —respondió Jesús—, mi testimonio es válido, porque sé de dónde he venido y a dónde voy. Pero ustedes no saben de dónde vengo ni a dónde voy.*

Muchas personas luchan emocionalmente porque, sencillamente, no saben quiénes son en realidad. Ellos no están arraigados en su verdadera identidad y se sienten faltos de ciertas cosas.

Nuestra identidad se establece como resultado de con quién y con qué elegimos identificarnos. Si nos identificamos con la gente y lo que dicen de nosotros, acabaremos teniendo problemas, pero si nos identificamos con Jesús y su opinión sobre nosotros, no tendremos crisis de identidad.

La Escritura de hoy indica que Jesús sabía quién era porque sabía de dónde venía y a dónde iba. Muchos de los fariseos, los líderes religiosos de la época, estaban enojados por la confianza que Jesús tenía en quién era. No importaba lo que la gente dijera de Jesús, Él no se identificaba con eso. Se identificaba con lo que su Padre celestial decía de Él. Se identificó con Dios.

La identificación con Cristo es un fundamento doctrinal de la fe cristiana. Como creyente, perteneces a Dios. Tu identidad está en Él, y tú estás completo en Él. Esta verdad te dará confianza para caminar por este mundo, tratando con todo tipo de personas, con la cabeza en alto.

Te permitirá seguir a tu corazón y dejar que Dios te guíe sin alterarte emocionalmente cuando la gente no esté de acuerdo contigo o con tus decisiones. Cuanto más firmemente arraigado estés en tu identidad en Cristo, más te darás cuenta de que no te falta nada. Lo tienes (y lo eres) todo en Él.

---

**Oración:** *Gracias, Dios, porque mi identidad está en Ti. Ayúdame a profundizar en la identidad que Tú me das.*

# Libérate del dolor emocional

---

*Ustedes han oído que se dijo:*
*"Ama a tu prójimo y odia a tu enemigo". Pero yo digo:*
*Amen a sus enemigos y oren por quienes los persiguen,*
*para que sean hijos de su Padre que está en los cielos.*
Mateo 5:43-45

Muchos de nosotros hemos sufrido heridas emocionales a lo largo de nuestra vida, o tal vez aún padezcamos dolor emocional. Estas heridas pueden supurar y hacer que luchemos de diversas maneras si no buscamos la curación que Dios nos ofrece.

Las heridas emocionales pueden provenir del abuso, el rechazo, el abandono, la desilusión, la crítica, el juicio u otros tipos de heridas. Si tienes una herida emocional de cualquier tipo, quiero que sepas hoy que Jesús puede sanarte dondequiera que te duela. Según la profecía de Isaías 61:1, Jesús vino "a sanar los corazones heridos" y "a proclamar la libertad a los cautivos". Él cura nuestros corazones rotos y nos libera del dolor y de otras formas de esclavitud. También vino "a consolar a todos los que están en duelo" y a darnos "una corona en vez de cenizas, aceite de alegría en vez de luto, traje de alabanza en vez de espíritu de desaliento" (Isaías 61:2-3).

Para empezar a sanar emocionalmente, necesitamos tomar decisiones piadosas mientras todavía estamos heridos. Superar nuestros sentimientos de esta manera puede ser difícil, pero vale la pena hacerlo porque nos lleva a la libertad y a la plenitud. Por ejemplo, según la Escritura de hoy, el mundo nos diría que amáramos a la gente que es buena con nosotros y odiáramos a nuestros enemigos. Pero esto conduce a la amargura. Y la amargura es una emoción negativa que mantiene fresco nuestro dolor y nos impide sentirnos en paz.

Jesús dice que perdonemos a los que nos han hecho daño y que amemos y recemos por nuestros enemigos. Este es el camino hacia la paz, la sanación y la libertad.

---

**Oración:** *Gracias, Jesús, por enseñarme a perdonar para que pueda ser sanado y liberado del dolor emocional.*

# El Señor está contigo

---

*El Señor está a mi favor; no temeré.*
*¿Qué puede hacerme el hombre?*

Salmo 118:6 NBLA

Cuando el salmista David escribió en la Escritura de hoy "no temeré", no creo que quisiera decir que no sentía miedo. Creo que está declarando que cuando sintió miedo, no dejó que el miedo le controlara. Cada uno de nosotros debería tener esa misma actitud. De hecho, es la mejor actitud posible para una persona. El miedo no viene de Dios, y debemos resistirlo firmemente en el poder del Espíritu Santo. Podemos ser conscientes de él, pero no debemos dejar que afecte nuestras decisiones.

En Mateo 28:20, Jesús dice a sus discípulos: "Y les aseguro que estaré con ustedes siempre, hasta el fin del mundo". Esta no es solo una promesa que Jesús hizo a sus discípulos hace siglos; es una promesa de Dios de vital importancia para ti y para mí hoy. No hay lugar en el que hayas estado donde Dios no esté, ni lugar en el que vayas a estar en el que Dios no esté allí también. Él es omnipresente, lo que significa que está en todas partes todo el tiempo. Lo ve todo, lo sabe todo y tiene todo el poder. Él es nuestro Padre, y nosotros somos sus hijos amados. Dios quiere que sepamos que no debemos tener miedo de nada ni de nadie, porque Él está con nosotros. Él es bueno y cuidará de nosotros. Como escribió David: "¿Qué pueden hacerme los simples mortales?". La gente puede tratar de intimidarte o asustarte, pero son simples mortales. Dios es todopoderoso, y la gente es absolutamente impotente comparada con Él.

———————————

**Oración:** *Ayúdame, Señor, a recordar siempre que, porque Tú estás conmigo, no debo tener miedo de nada ni de nadie.*

# Descansa en la presencia de Dios

---

*Por tanto, arrepiéntanse y conviértanse,*
*para que sus pecados sean borrados, a fin de que tiempos*
*de alivio vengan de la presencia del Señor.*

Hechos 3:19 NBLA

A veces la vida puede ser muy emocional, y tanta emoción puede ser agotadora. Podemos pasar por temporadas de estrés, temporadas de pena y tristeza, temporadas de miedo, temporadas de confusión e incertidumbre, temporadas de celos y envidia, temporadas de tensión y enfado, y otros periodos de tiempo intensos y emocionalmente difíciles. Especialmente cuando estos tiempos emocionales son prolongados, necesitamos una tregua. Necesitamos un poco de descanso.

Este descanso se encuentra en la presencia de Dios, en saber que Él está con nosotros, pasemos por lo que pasemos. Él es nuestro refugio y nuestra fortaleza (Salmo 46:1). Su Espíritu Santo es nuestro Consejero (Juan

14:26) y nos ayudará a saber qué hacer en cada situación para que dejemos de sentirnos estresados, confusos, asustados, enfadados, celosos o excesivamente tristes. Quizá nos lleve a tomarnos unos días de descanso físico o a pasar algún tiempo con un buen amigo. Puede darnos una idea que nos ayude a aligerar nuestra carga de forma práctica. Incluso puede llevarnos a hacer algo que nos haga reír. No importa cómo nos guíe, lo más importante es que dejemos de hacer lo que estamos haciendo y busquemos su presencia. Cuando lo busquemos, lo encontraremos (Jeremías 29:13). En su presencia, las cargas se disipan, la paz llena nuestros corazones, Él restaura nuestras almas (Salmo 23:3), y podemos descansar. No importa lo que esté pasando en tu vida o cómo te sientas al respecto, pasa tiempo hoy en la presencia de Dios y encuentra descanso.

---

**Oración:** *Cuando mis emociones sean intensas, recuérdame, Señor, descansar en tu presencia.*

# Afrontar la decepción

---

*¡Señor, sostenme como prometiste para que viva!*
*No permitas que se aplaste mi esperanza.*
Salmo 119:116 NTV

La decepción suele producirse cuando nuestras esperanzas o planes se ven frustrados por algo que no podemos evitar o situaciones que no podemos controlar. Podemos sentirnos desilusionados por circunstancias desagradables o por personas que nos decepcionan. Podemos sentirnos decepcionados con Dios cuando esperamos que haga algo y no lo hace. Incluso hay momentos en los que estamos decepcionados de nosotros mismos. Nadie consigue todo lo que quiere todo el tiempo, así que necesitamos aprender a lidiar con la desilusión.

Cuando nos sentimos decepcionados, al principio nuestras emociones se hunden. Luego, a veces, estallan en ira o en un sentimiento de injusticia cuando pensamos: *¡Esto no es justo!* A medida que pasa el tiempo, y después de haber expresado a fondo nuestro enfado, nuestras emociones pueden volver a entrar en una espiral descendente. Nos sentimos negativos, desanimados y deprimidos. La próxima vez que te sientas decepcionado, presta atención a la actividad de tus emociones. Pero en lugar de dejar que tomen la iniciativa, decide gestionarlas. Los sentimientos iniciales de decepción no tienen nada de raro o malo. Pero lo que hagamos a partir de ese momento marcará la diferencia.

Aprendí hace mucho tiempo que, con Dios de nuestro lado, aunque experimentemos decepciones en la vida, siempre podemos "pedir otra cita". Si tenemos una cita con el médico y este tiene que cancelarla por una urgencia, simplemente pedimos otra cita. La vida también puede ser así. Confiar en que Dios tiene un buen plan para nosotros y que Él ordena nuestros pasos es la clave para evitar que la decepción se convierta en desesperación.

---

**Oración:** *Cuando estoy decepcionado, Señor, elijo confiar en Ti, sabiendo que tienes un buen plan para mi vida y que Tú diriges mis pasos.*

# La mejor manera de sentirte bien contigo mismo

---

*"Ama al Señor tu Dios con todo tu corazón, con toda tu alma y con toda tu mente", respondió Jesús. Este es el primero y el más importante de los mandamientos. El segundo se parece a este: "Ama a tu prójimo como a ti mismo".*

Mateo 22:37-39

Cuando un fariseo le preguntó a Jesús cuál era el mandamiento más importante de la ley de Dios, Él le respondió con las palabras de los versículos de la Escritura de hoy. Lo más importante para nosotros como cristianos es amar a Dios, amar a la gente y amarnos a nosotros mismos. A menudo pensamos que lo hacemos bien en lo que se refiere a amar a Dios y a los demás, pero nos cuesta amarnos a nosotros mismos.

Parte de amarnos a nosotros mismos implica *gustarnos* y sentirnos bien con lo que Dios nos hizo ser. La mejor manera de sentirnos bien con nosotros mismos es sentirnos positivos, no negativos, con lo que somos. Si no nos gustamos a nosotros mismos, nos resultará difícil caerles bien a los demás y llevarnos bien con ellos. Podemos fingir que nos caemos bien, pero fingir no funciona. Al final, la verdad saldrá a la luz.

Para ser todo lo que Dios nos ha hecho ser y hacer todo lo que Él nos llama a hacer, necesitamos tener actitudes piadosas hacia otras personas y hacia nosotros mismos. Necesitamos ser emocionalmente estables y estar arraigados y cimentados en el amor de Dios por nosotros (Efesios 3:17). Cuando estamos arraigados y cimentados en el amor de Dios, estamos seguros de quiénes somos. Podemos estar relajados y tranquilos. Confiamos en que nuestro valor como personas no tiene nada que ver con nuestro rendimiento ni con nada de lo que hacemos; tiene todo que ver con el corazón de amor incondicional de Dios y su aceptación hacia nosotros. Cuando empezamos a entender lo que Dios siente por nosotros, no solo podemos amarnos a nosotros mismos, sino que también podemos gustarnos y disfrutar de nosotros mismos.

---

**Oración:** *Ayúdame, Señor, a comprender lo que sientes por mí para que pueda amarme, gustarme y disfrutar.*

# Seguir la guía de Dios

---

*El que mira el viento [esperando que todas las condiciones*
*sean perfectas] no sembrará, y el que mira las nubes*
*no cosechará.*

Eclesiastés 11:4 AMP, traducción propia

¿No estás agradecido de que tú y yo no tengamos que dejarnos llevar por nuestras emociones? Podemos dejarnos llevar por el Espíritu Santo. Todo lo que necesitamos es ser obedientes a Él. Cuando el Señor nos pide hacer algo, cualquiera de nosotros puede tener la tentación de esperar una temporada conveniente, un momento en que todas las condiciones sean perfectas, como menciona la Escritura de hoy. La naturaleza humana nos hace detenernos algunas veces mientras caminamos con Dios, queriendo esperar hasta que seguirlo no sea tan difícil. Nuestras emociones encuentran todo tipo de maneras de no hacer lo que sabemos que deberíamos hacer.

Te animo a que no tengas miedo de afrontar retos o a asumir responsabilidades, para que no dejes las cosas para más tarde cuando Dios te hable. Si solo haces lo que es fácil y lo que tus emociones quieren hacer, permanecerás débil y superficial como cristiano. Pero a medida que encuentres resistencia y la superes, construirás tu fuerza y crecerás en tu fe.

Dios espera que seamos responsables y cuidemos de lo que nos da. Él quiere que usemos todo lo que nos ha dado para dar buenos frutos (Juan 15:16). Si no usamos los dones y talentos que Él nos ha dado cuando Él nos lo indica, entonces no estamos siendo responsables con lo que Él nos ha confiado.

Si eres un procrastinador, te insto a que prestes atención a las instrucciones de Eclesiastés 11:4. No tienes que esperar hasta que todo parezca perfecto y tus emociones estén a tono para obedecer a Dios. Haz lo que Él te dice que hagas cuando Él dice que lo hagas, y cosecharás las bendiciones de la obediencia.

———————————

**Oración:** *Ayúdame, Señor, a seguirte y a obedecerte con prontitud cuando me induzcas a hacer algo.*

# Sé feliz con lo que tienes

*No codicies la casa de tu prójimo, ni codicies su esposa,*
*ni su esclavo, ni su esclava, ni su buey, ni su asno,*
*ni nada que le pertenezca.*
Éxodo 20:17

Cuando leas la Escritura de hoy, puede que pienses: *¡Mi vecino no tiene un buey o un burro!* Pero el sentido de este versículo, que es uno de los Diez Mandamientos, no se refiere tanto a bueyes o burros como a estar contentos con lo que tenemos en lugar de estar celosos de lo que tienen los demás.

Los celos son una emoción peligrosa. Nos hace miserables por dentro y puede hacer mucho daño a nuestras relaciones con las personas que nos rodean. También puede tener un impacto negativo en nuestra salud, así como en nuestra relación con Dios.

Cuando tenemos celos de los demás por lo que poseen (sus casas, coches, joyas, ropa u otras posesiones), suele ser porque no estamos contentos con lo que tenemos (o no tenemos). Por ejemplo, alguien que habla mal del bonito coche nuevo de una persona (comentando que es demasiado caro o que el propietario debe de ser frívolo o tonto) puede estar diciendo en realidad: "No estoy contento con mi coche. Quiero ese coche". Lo mismo puede ocurrir con las casas, la ropa y los talentos que tienen otras personas, así como con otros ámbitos de la vida.

¿Alguna vez has oído hablar de una bendición que ha recibido otra persona y has pensado cuándo te va a pasar eso a ti? En lugar de sentirte infeliz o celoso cuando Dios bendice a alguien con algo que a ti te gustaría tener, puedes entrenar tu mente y tus emociones para alegrarte por ellos. Puedes dejar que su bendición sea un estímulo para ti, creyendo que lo que Dios hizo por otra persona, también lo puede hacer por ti.

---

**Oración:** *La próxima vez que me sienta tentado a tener celos, Señor, recuérdame que me alegre por las formas en que bendices a otras personas, sabiendo que Tú también me bendecirás de la manera que sea mejor para mí, de acuerdo con tu tiempo perfecto.*

# Mantén vivo tu amor

---

*Habrá tanta maldad que el amor de muchos se enfriará.*

Mateo 24:12 LBLA

La Escritura de hoy procede de un pasaje en el que Jesús habla de las señales del final de los tiempos. Algunas pueden resultarnos familiares, como cuando habla de "guerras [...] hambre y terremotos" (Mateo 24:6-7). Pero también dice que "el amor de muchos se enfriará" (v. 12) a causa de la injusticia y la maldad en la tierra.

Las presiones del mal desenfrenado, las circunstancias difíciles y las situaciones aterradoras, así como el estrés de vivir bajo tal tumulto, producen una atmósfera cargada de luchas y problemas. Esto hace que nos encerremos en nosotros mismos, tratando de protegernos y de resolver los problemas que nos afectan. También es fácil que nos volvamos duros de corazón e ignoremos las palabras de Jesús: "Ámense unos a otros. Tal como yo los he amado, ustedes deben amarse unos a otros" (Juan 13:34 NTV).

Cuando el amor se enfría, las emociones negativas se apoderan de nosotros. Nos enfadamos, nos volvemos resentidos, celosos, desconfiados, temerosos y susceptibles a otros sentimientos negativos. Nos centramos más en nosotros mismos que en cómo podemos ayudar a las personas que nos rodean.

En muchos versículos de las Escrituras leemos que debemos amar a los demás. Amarnos los unos a los otros es una de las formas en que el mundo sabrá que somos cristianos (Juan 13:35).

En medio de un mundo malvado y estresante, asegurémonos de mantener fuerte nuestra relación de amor con Dios. Eso no solo nos ayudará, sino que también nos capacitará para mantener nuestros corazones tiernos y nuestro amor vivo hacia los demás. Cuando el amor está vivo, sentimos paz y alegría y podemos compartir esa paz y alegría con los demás. Esto es lo que el mundo necesita.

---

**Oración:** *Señor, no importa lo que suceda en el mundo que me rodea; ayúdame a evitar que mi corazón se enfríe y ayúdame a mantener vivo mi amor por los demás.*

DÍA 52

# Salir del pozo

*Puse en el Señor toda mi esperanza; él se inclinó hacia mí*
*y escuchó mi clamor. Me sacó de la fosa fatal,*
*del lodo y del pantano; puso mis pies sobre una roca*
*y me plantó en terreno firme.*
Salmo 40:1-2

Cada vez que leo sobre una fosa en las Escrituras, pienso en las profundidades de la depresión. En los salmos que escribió David, siempre compara los momentos emocionales bajos con estar en una fosa. Cuando se encontraba en tales circunstancias, siempre clamaba al Señor para que lo guiara y pusiera los pies en tierra firme y llana. El Señor fue fiel en ayudarle.

Como David, nadie quiere estar en la fosa de la depresión. Es un lugar emocionalmente difícil en el que no hay esperanza. Cuando estamos profundamente deprimidos, ya nos sentimos bastante mal. Entonces el diablo nos trae pensamientos de todas las cosas negativas imaginables para empeorar nuestra miseria. Nos recuerda nuestras decepciones e intenta hacernos creer que nunca nos sucederá nada bueno. Su objetivo es mantenernos tan miserables y desesperanzados que no seamos capaces de causarle ningún problema ni de cumplir el propósito de Dios para nuestras vidas.

Según Romanos 14:17, Dios quiere que experimentemos "justicia, paz y gozo en el Espíritu Santo", así que sabemos que Él no quiere que nos quedemos atrapados en la depresión. Como dice la Escritura de hoy, la fosa de la depresión es un lugar viscoso, y es difícil salir de él sin ayuda. El Espíritu Santo es nuestro auxilio (Juan 14:26). Cuando clamamos a Dios, Él saca nuestras emociones de la fosa, nos pone sobre una roca y nos da un lugar firme donde pararnos para que podamos estar emocionalmente estables.

––––––––––––––––

**Oración:** *Espíritu Santo, cuando me sienta en una fosa, ayúdame. Pon mis pies sobre una roca y dame un lugar firme donde estar de pie.*

# Jesús entiende cómo te sientes

---

*Porque no tenemos un Sumo Sacerdote incapaz de compadecerse de nuestras debilidades, sino uno que ha sido tentado en todo en todo de la misma manera que nosotros, aunque sin pecado.*

Hebreos 4:15

La Escritura de hoy habla de nuestro "sumo sacerdote", y esto se refiere a Jesús. Él experimentó cada emoción y sufrió todos los sentimientos que tú y yo tenemos, pero sin pecar. ¿Por qué no pecó? Porque no cedió a sentimientos impíos. Él conocía la Palabra de Dios en cada área de la vida porque pasó años estudiándola antes de comenzar su ministerio.

Lucas 2:40 dice que, siendo niño, Jesús "crecía y se fortalecía; se llenaba de sabiduría, y la gracia de Dios lo acompañaba". A los doce años, se creía lo bastante mayor para ir al templo de Jerusalén y ocuparse de los asuntos de su Padre (Lucas 2:41-52). Pero aún le quedaban años de aprendizaje antes de entrar en su ministerio a tiempo completo.

Tú y yo nunca seremos capaces de decir no a nuestros sentimientos si no tenemos dentro de nosotros un fuerte conocimiento de la Palabra de Dios. Jesús sintió los mismos sentimientos que nosotros, pero nunca pecó cediendo a ellos.

Cuando me siento herida, enfadada o disgustada, es un gran consuelo para mí poder acudir a Dios y decirle: "Jesús, me alegro tanto de que entiendas lo que estoy sintiendo ahora mismo y de que no me condenes por ello. Ayúdame, Señor, a manejar mis emociones y a no sentirme condenada, pensando que no debería sentirme así".

Porque somos humanos, tenemos emociones. A veces son intensas. Pero podemos ser honestos con Dios acerca de ellas, sabiendo que Jesús entiende cómo nos sentimos, y podemos pedir y recibir su ayuda para manejarlas de una manera piadosa.

---

**Oración:** *Gracias, Jesús, por estar dispuesto a hacerte humano y comprender las emociones que siento. Ayúdame a manejar mis emociones de manera que te complazcan.*

# No te dejes llevar por la ira

*No estés ansioso en tu corazón por enojarte,*
*porque la ira habita en el corazón de los necios.*

Eclesiastés 7:9 AMP, traducción propia

¿Alguna vez has conocido a alguien de temperamento volátil, cuya respuesta predeterminada a muchas situaciones es la ira? Creo que las personas que se dejan llevar por la ira carecen de la disciplina del autocontrol. No podemos convertirnos en cristianos emocionalmente estables, maduros y victoriosos si no aprendemos a ejercer el autocontrol mediante el manejo de nuestras emociones, especialmente la emoción de la ira.

Eclesiastés 7:9 es solo uno de los muchos versículos bíblicos sobre la ira. Otro es Santiago 1:19-20: "Sea todo hombre pronto para oír [sea un oyente atento y reflexivo], tardo para hablar [un orador de palabras cuidadosamente escogidas y], tardo para airarse [paciente, reflexivo, indulgente]; porque la ira [resentida y arraigada] del hombre no produce la justicia de Dios [esa norma de comportamiento que Él exige de nosotros]" (AMP, traducción propia).

Nota que "la ira del hombre no produce" justicia. Parte de la rectitud (ser lo que Dios quiere que seamos) es cumplir su propósito y plan para nuestra vida y vivir a la altura de nuestro potencial. No podemos hacer esto sin aprender a refrenar nuestra ira.

Todos queremos desarrollar nuestro potencial y hacer todo lo que Dios nos llama a hacer, pero no siempre queremos actuar dentro de los límites del autocontrol. Si realmente queremos crecer espiritualmente, debemos disciplinar nuestras pasiones. Esto no significa que tengamos que ser perfectos o que nunca podamos cometer errores. Aunque el Espíritu Santo nos dará poder para controlar nuestras emociones, es posible que a veces perdamos los estribos. Pero en cuanto lo hagamos, debemos confesarlo inmediatamente, arrepentirnos, recibir el perdón de Dios y seguir adelante.

---

**Oración:** *Cuando me sienta enfadado, Señor, ayúdame a bajar el ritmo y a acordarme de pedirte que me ayudes a controlar mis emociones.*

# Un día a la vez

*Y estas son las órdenes que el Señor me ha dado:*
*"Recoja cada uno de ustedes la cantidad que necesite*
*para toda la familia; un gómer por persona"*
Éxodo 16:16

Muchas personas tienen dificultades para controlar sus emociones cuando piensan en el futuro. Muchas cosas sobre el futuro son inciertas, y eso puede hacer que la gente se sienta inquieta, ansiosa o incluso asustada. Cuando pensamos en nuestras preguntas sin respuesta y en nuestras preocupaciones sobre el futuro, podemos encontrar consuelo en el hecho de que Dios proveyó maná diario para que los israelitas comieran mientras viajaban a través del desierto.

Dios dio intencionadamente a los israelitas la cantidad justa de comida cada día (excepto el sábado, cuando les daba el doble que el día anterior) y les dijo que procuraran no acapararla ni coger más de la que necesitaran. Si cogían más de lo que podían utilizar en sus casas, se pudría y apestaba (Éxodo 16:20).

Al dar a la gente solo lo que necesitaban, Dios les estaba enseñando a confiar en Él. Al enseñarles a depender de Él día a día, estaba edificando su fe. Una vez que se dieron cuenta de que Él les enviaría provisiones cada día, empezaron a verlo como fiel y a saber que podían confiar en Él.

Cuando nos preocupamos por el mañana, desperdiciamos el hoy. Puede que te preocupe algo del futuro. Tal vez se trate de una situación concreta, como el vencimiento de un gasto importante, una cita con el médico o el traslado a una nueva ciudad. O puede que simplemente estés preocupado por el futuro en general. Sea lo que sea, recuerda ir día a día, sabiendo que Dios te dará exactamente lo que necesitas cuando lo necesites. Puede que no llegue pronto, pero no llegará tarde.

---

**Oración:** *Ayúdame, Señor, a no permitir que las preocupaciones por el futuro me angustien. Ayúdame a confiar en Ti día a día.*

# ¿Quieres sentirte pleno?

---

*El reino de los cielos será también como un hombre que, al*
*emprender un viaje, llamó a sus siervos y les encargó sus*
*bienes. A uno le dio cinco mil monedas; a otro, dos mil y a*
*otro, mil. Dio a cada uno según su capacidad.*
*Luego se fue de viaje.*

Mateo 25:14-15

La Palabra de hoy es parte de una historia que Jesús contó sobre un hombre que se iba de viaje y las instrucciones que dio a sus siervos antes de partir. Fíjate que les confió sus recursos "a cada uno según su capacidad". Es importante darse cuenta de que no todos tenemos las mismas habilidades, destrezas, fortalezas o talentos. Ninguno de nosotros puede hacerlo todo bien, pero podemos hacer aquello para lo que Dios nos ha dotado y llamado lo mejor que podamos.

Muchas personas se sienten frustradas e insatisfechas en la vida porque no se sienten realizadas. Por diversos motivos, no están haciendo todo lo que saben que deberían hacer y se sienten insatisfechas y descontentas.

Estas emociones no son saludables y conducen a otras emociones menos saludables, como el resentimiento y los celos hacia las personas que sí se sienten realizadas en la vida.

Uno de los siervos de la historia de Mateo 25 escondió su dinero en la tierra porque tenía miedo. Del mismo modo, a veces no utilizamos las habilidades que Dios nos ha dado porque tenemos miedo. Tememos fracasar, perder, ser criticados o malinterpretados.

No tengas miedo o dudas en tomar las habilidades que Dios te ha dado y usarlas para su gloria. Si no sabes cómo empezar o qué hacer, simplemente pídele que te ayude. Él quiere que tú vivas y goces de la vida, y que sea en abundancia [hasta la saciedad, hasta que rebose] (Juan 10:10), sintiéndote satisfecho y realizado cada día.

---

**Oración:** *Muéstrame, Señor, qué hacer con las habilidades que me has dado y condúceme a la plenitud y a la satisfacción.*

# Mantener la felicidad en las relaciones

---

*No visites a tus vecinos muy seguido,*
*porque se cansarán de ti y no serás bienvenido.*

Proverbios 25:17 NTV

C uando pensamos en nuestras relaciones, nos damos cuenta de que pueden tener un gran impacto en nuestras emociones. Como indica la Escritura de hoy, es posible que agotemos nuestra acogida, lo que significa que los demás pueden llegar al punto de desear que nos vayamos y les dejemos un poco de espacio. También es posible que otras personas agoten su acogida en nuestra vida. Para mantenernos emocionalmente sanos, es importante que encontremos un equilibrio entre dar y recibir en nuestras relaciones.

En una época de mi vida, estaba aprendiendo a no querer nada para mí. Seguí invirtiendo en la vida de varias personas que nunca me devolvieron ni siquiera un "gracias" o una palabra de aliento. Un día me di cuenta de que estas relaciones eran agotadoras y de que yo estaba permitiendo que estas personas continuaran con un estilo de vida egoísta. Oré diligentemente y sentí que Dios me mostraba que estas relaciones no eran saludables. Al tomar todo y no dar nada, estas personas no respetaban la relación y se aprovechaban de mí. Si yo hubiera permitido que esto continuara, no habría sido bueno para ellos, así que tuve que establecer límites saludables y aprender a evitar las relaciones agotadoras.

Debemos elegir sabiamente a nuestros amigos y socios, buscando personas que estén a nuestro lado cuando las necesitemos, del mismo modo que ellos esperan que nosotros estemos a su disposición cuando sea necesario.

---

**Oración:** *Señor, ayúdame a tomar buenas decisiones sobre las relaciones para que tanto yo como los demás podamos dar y recibir de forma sana.*

DÍA 58

# Hablar bien de los demás

---

*Hermanos, no hablen mal unos de otros.*
*Si alguien habla mal de su hermano o lo juzga,*
*habla mal de la Ley y la juzga. Y si juzgas la Ley,*
*ya no eres cumplidor de la Ley, sino su juez.*

Santiago 4:11

L as personas que se sienten inseguras suelen juzgar y criticar a los demás para sentirse mejor consigo mismas. En Mateo 7:1-2, Jesús nos advierte que no juzguemos a los demás: "No juzguen para que nadie los juzgue a ustedes. Porque tal como juzguen se les juzgará, y con la medida que midan a otros, se les medirá a ustedes" (Mateo 7:1-2). La tentación de juzgar a los demás es habitual. Es más fácil encontrar cosas que criticar de los demás que cosas que aplaudir. Algunas personas detectan inmediatamente el único aspecto negativo de una situación, por muchos aspectos positivos que tenga. Esto es típico de la naturaleza humana, pero no está de acuerdo con la Palabra de Dios. Por eso, cuando nos sintamos tentados a juzgar, debemos resistir al diablo, pedir al Espíritu Santo que nos ayude a resistir la tentación y obedecer la Palabra.

Además de lo que leemos sobre el juicio en la Escritura de hoy y en Mateo 7:1-2, el apóstol Pablo nos recuerda en Romanos 14:10-13 que todos nosotros compareceremos un día ante el tribunal de Dios: "Por tanto, dejemos de juzgarnos unos a otros. *Más bien, propónganse no poner tropiezos ni obstáculos al hermano*" (v. 13; la cursiva es mía).

En lugar de juzgar a los demás, decidamos no hacer nada que pueda hacerles tropezar o plantearles un problema en su vida. Ayudémosles o enseñémosles siendo un buen ejemplo en lugar de criticarlos.

———

**Oración:** *Ayúdame, Señor, a afirmar a los demás y a hacer el bien en lugar de juzgarlos.*

# Recuerda la fidelidad de Dios

---

*Tú eres mi escondite y mi escudo;*
*en tu palabra he puesto mi esperanza.*

Salmo 119:114

El miedo y la ansiedad pueden llegar a nuestras vidas
por distintas razones, y a veces debemos luchar duro
para liberarnos de ellos. La mejor manera de hacerlo es
buscar ayuda en la Palabra de Dios. Él tiene todo el poder
que necesitamos y todas las respuestas que buscamos.

Hace más de treinta años me diagnosticaron cáncer de
mama. Me quedé de piedra porque había ido al médico
para mi revisión periódica, que incluía una mamografía,
y esperaba que todo estuviera bien. Cuando no fue así,
me entró ansiedad y miedo.

Una de las maneras en que Dios me guio durante
esta temporada fue inculcando en mi corazón la necesidad de ser positiva y de hacer solo comentarios positivos basados en su Palabra, como "Dios me ama", "Todas
las cosas ayudan para bien a los que aman a Dios y son

llamados conforme a su propósito", "Dios es bueno" y "Dios, ¡confío en Ti!".

Hice esto durante unos diez días antes de la operación, y fueron diez días difíciles. Aparecían el miedo y la preocupación, y yo recordaba a propósito que Dios había prometido cuidar de mí. Entonces declaraba las afirmaciones positivas que Dios había puesto en mi corazón y pude sentir literalmente cómo se calmaban mis emociones.

Al final, la operación fue un éxito y, desde entonces, mis mamografías han salido bien. Si hoy estás luchando con el miedo, mira la Palabra de Dios y encuentra paz. Su Palabra tiene el poder de traer paz a las emociones ansiosas y de fortalecerte en cualquier situación.

---

**Oración:** *Cuando experimente ansiedad y miedo, Señor, fortaléceme y dame paz a través de tu Palabra.*

# Decídete de antemano

---

*El Señor es bueno, fortaleza y baluarte en el día de*
*la angustia; Él sabe [Él reconoce, cuida y comprende*
*plenamente] a quienes se refugian y confían en Él.*

Nahum 1:7 AMP, traducción propia

La Escritura de hoy habla del "día de angustia". Todos nos enfrentamos a tiempos difíciles en nuestras vidas, y somos sabios si decidimos de antemano cómo actuar cuando lleguen. Permíteme animarte a que te decidas a ser emocionalmente estable antes de que lleguen los problemas. Pídele a Dios que te ayude a anticiparte a las dificultades, que te guarde de los altibajos excesivos y que te dé la gracia para mantener la calma y la firmeza. Decide que permanecerás en la fe, agradecido por lo que Dios está haciendo en tu vida, y confía en Él, pase lo que pase. Cuando surjan dificultades, sigue alabándole y nunca te rindas ni caigas en un pozo emocional.

No debemos sorprendernos cuando nos enfrentamos a dificultades. Jesús dice que en el mundo tendremos problemas (Juan 16:33), pero sabemos que Él también nos fortalecerá y nos capacitará para hacer todo lo que tengamos que hacer en la vida (Filipenses 4:13). Dios es nuestra fuerza, nuestro refugio y, como dice el versículo de hoy, nuestro "baluarte en el día de la angustia".

Dios conoce a los que confían en Él y tiene un plan para nuestra liberación antes de que empiecen nuestros problemas. Romanos 8:37 nos enseña que somos más que vencedores por medio de Cristo, que nos ama. Y creo que una manera de explicar este versículo es decir: "En Cristo, hemos ganado la batalla antes de que comience". Por lo tanto, no tenemos por qué temer a nada de lo que se nos presente. Simplemente podemos decidir de antemano que cuando vengan los problemas, nos mantendremos firmes en Dios y confiaremos en Él.

---

**Oración:** *Dios, con tu ayuda, hoy decido que cuando lleguen los problemas, permaneceré emocionalmente estable, confiando en Ti.*

# No te dejes llevar por las opiniones de los demás

---

*Antes de formarte en el vientre materno te conocí*
*[y te aprobé como Mi instrumento elegido],*
*y antes de que nacieras te consagré [a Mí mismo como Mío];*
*te he nombrado profeta de las naciones.*

Jeremías 1:5 AMP, traducción propia

En la Escritura de hoy, Dios le dice a Jeremías que lo conocía y lo aprobaba antes de que se formara en el vientre de su madre. Cuando Dios dijo que "conocía" a Jeremías, no estaba hablando de un conocido casual, sino del conocimiento más íntimo posible. Dios nos conoce de la misma manera. Lo sabe todo sobre nosotros, incluso cosas que nunca descubriremos sobre nosotros mismos. Este conocimiento abarca todo sobre nosotros, tanto si lo vemos como positivo o negativo, como una fortaleza o una debilidad. Conoce todos los errores que cometemos y nos ama y nos aprueba de todos modos.

Dios no siempre aprueba nuestro comportamiento y nuestras elecciones, pero sí nos aprueba a nosotros. Él ve claramente la diferencia entre lo que somos y lo que hacemos. Él ama nuestro "quién" incluso cuando nuestro "hacer" no le agrada. Todos queremos agradar a otras personas y que nos aprueben. Lo que sienten por nosotros a menudo nos afecta emocionalmente. Cuando les gustamos, nos sentimos felices y bien con nosotros mismos. Cuando no, nos sentimos mal. Nuestro deseo de aprobación solo puede satisfacerse verdaderamente recibiendo la aceptación y aprobación de Dios. Es importante que nos esforcemos por complacer a Dios, no a las personas. Tendemos a prestar demasiada atención a cómo nos responde la gente, cuando en cambio deberíamos estar agradecidos de que Dios nos conoce completamente y nos aprueba incondicionalmente. Encontramos nuestra seguridad más profunda en Él y en lo que Él piensa. Mientras caminamos en eso, podemos soportar la desaprobación de otras personas y continuar amándolas a pesar de ello.

---

**Oración:** *Señor, ayúdame a no permitir que lo que los demás piensen de mí afecte mis emociones. Ayúdame a buscar complacerte por encima de todo.*

135

# La ayuda está aquí

---

*Pero el Consolador, el Espíritu Santo, a quien el Padre*
*enviará en mi nombre, les enseñará todas las cosas*
*y les hará recordar todo lo que he dicho.*

Juan 14:26

Tú y yo podemos hacer o deshacer todo tipo de hábitos en nuestras vidas. Tenemos hábitos físicos, como hacer ejercicio y dormir lo suficiente. Tenemos hábitos financieros. Tenemos hábitos sociales. Y tenemos hábitos emocionales. Muchas veces, los hábitos se basan en nuestras emociones, pero se manifiestan en otros ámbitos. Por ejemplo, comer emocionalmente es un hábito, y algunas personas tienen que luchar contra esta tendencia. Cuando nuestras emociones son intensas (quizá estamos tristes, frustrados o asustados), recurrimos a la comida, normalmente *comfort food* en lugar de alimentos sanos y nutritivos. El ciclo de la alimentación como escape emocional puede ser muy difícil de romper, lo que puede causar desánimo y una alimentación aún más descontrolada.

Cuando intentamos romper un hábito como el de usar la comida como escape emocional, a menudo nos encontramos clamando a Dios: "¡Señor, ayúdame, ayúdame!". Es maravilloso saber que el Espíritu Santo está siempre con nosotros para ayudarnos en todo momento.

Si luchas con malos hábitos alimenticios, cuando te sientas tentado a comer en exceso o a picar demasiado, puedes rezar en silencio: "Espíritu Santo, ayúdame a no comer en exceso". En un restaurante donde todo el mundo en tu mesa está pidiendo postre, y sientes que empiezas a flaquear, puedes gritar en tu corazón: "Espíritu Santo, ¡ayúdame, ayúdame!".

He descubierto que, si dependo de mi propia fuerza por pura voluntad o determinación, fracasaré siempre. Pero si estoy decidido a resistir la tentación invocando el poder del Espíritu Santo, encuentro la fuerza que necesito para triunfar, y tú también lo harás.

---

**Oración:** *Gracias, Espíritu Santo, por ser mi ayuda. Ayúdame a romper el hábito de comer emocionalmente y cualquier otro hábito que no sea bueno para mí.*

# Dios sana en todos los sentidos

---

*El Espíritu del Señor y Dios está sobre mí, por cuanto me*
*ha ungido para anunciar buenas noticias a los pobres...*
*a sanar los corazones heridos, a proclamar libertad a los*
*cautivos y la liberación de los prisioneros, a pregonar el año*
*del favor del Señor... a consolar a todos los que están de*
*duelo y a confortar a los dolientes de Sión. Me ha enviado a*
*darles una corona en vez de cenizas, aceite de alegría en vez*
*de luto, traje de alabanza en vez de espíritu de desaliento.*

Isaías 61:1-3

Podemos curarnos en todas las heridas. Cuando pensamos en la sanación, a menudo la vemos como algo físico. Pero Dios quiere sanarnos mental, emocional y espiritualmente. Durante mucho tiempo no lo supe, y mi falta de conocimiento me llevó a vivir una vida disfuncional. Los malos tratos y el rechazo me habían dejado herida emocionalmente, hasta que descubrí que Dios quiere darnos "aceite de alegría en lugar de luto" y "traje de alabanza en vez de espíritu de desaliento" (Isaías 61:3).

Cuando aceptamos a Jesús como Salvador y Señor, se produce un gran intercambio en el reino espiritual. Nuestra vida llena de pecado y desesperanza es absorbida por su bondad, misericordia y gracia. Él nos da todo lo que tiene y es, y nosotros debemos darle no solo todo lo que somos, sino incluso lo que no somos. Él toma nuestra debilidad y nos da su fuerza. Él toma nuestra enfermedad y nos da su salud y curación. Le damos nuestro pecado y Él nos da su justicia. Él nos dará alegría en lugar de luto, siempre y cuando estemos dispuestos a renunciar a nuestra tristeza.

No importa por lo que hayas pasado o cuánta sanación necesites actualmente, es hora de que disfrutes del favor de Dios. Dios quiere que disfrutes de ti mismo y de tu vida. Él quiere sanarte espiritual, mental, emocional, física, financiera y socialmente. Te animo a que no cierres ninguna parte de tu vida a su toque sanador. Invita a Jesús a cada área y pídele que te sane.

———————————

**Oración:** *Dios, te invito hoy a que me cures en todo lo que me duele.*

# La cura de la inseguridad

---

*Pero Dios demuestra su amor por nosotros en esto:*
*en que cuando todavía éramos pecadores,*
*Cristo murió por nosotros.*

Romanos 5:8

Las personas que luchan contra la inseguridad se centran en sí mismas y se preocupan excesivamente por lo que hacen los demás. No pueden desarrollar buenas relaciones porque están ocupados intentando impresionar a los demás en lugar de simplemente ser buenos amigos. Sus inseguridades les hacen ser temerosos, y sus miedos les hacen retroceder ante oportunidades que podrían añadir alegría y plenitud a sus vidas.

La cura para la inseguridad es recibir el amor de Dios. Es como un ungüento curativo que sana el alma (la vida interior), y creo que es lo único que puede hacerlo. Todo el mundo quiere ser amado, pero a menudo buscamos el amor en los lugares equivocados mientras ignoramos el amor de Dios, que se derrama sobre nosotros todo el tiempo (Romanos 5:5).

Como cristianos podemos escuchar a menudo que Dios nos ama, pero ¿creemos realmente en esto? ¿Comprendemos el asombroso poder de su amor? Leer o escuchar una verdad y procesarla con nuestras mentes es muy diferente de escucharla con nuestros corazones y realmente creerla y recibirla.

Es importante creer que Dios nos ama por lo que Él es, no por nada que hayamos hecho o dejado de hacer. No podemos ganarnos ni merecer el amor de Dios. Lo sabemos porque, según la Escritura de hoy, Él nos amó lo suficiente como para enviar a su Hijo a morir por nosotros "cuando todavía éramos pecadores". Cuando creemos esto, las inseguridades son reemplazadas por la confianza, no en quiénes somos o qué hacemos, sino en quién es Dios y en lo que ha hecho para demostrar su amor por nosotros.

---

**Oración:** *Ayúdame, Señor, a recordar y centrarme en cuánto me amas, sabiendo que tu amor cura mis inseguridades.*

# Dios está contigo

---

*¡Así que sé fuerte y valiente! No tengas miedo ni sientas*
*pánico frente a ellos, porque el Señor tu Dios, él mismo irá*
*delante de ti. No te fallará ni te abandonará.*

Deuteronomio 31:6 NBLA

Como mucha gente, pasé años intentando eliminar el sentimiento de miedo de mi vida. Nunca lo vi por lo que era: un sentimiento o una emoción basada en un pensamiento impío. Cuando miraba mis problemas o problemas potenciales, los veía sin ver a Dios.

A lo largo de la Escritura, Dios dijo de diversas maneras: "No temas, porque yo estoy contigo". Se lo dijo a Josué y a muchos otros (Josué 1:9; Isaías 41:10; Marcos 6:50; Apocalipsis 1:17). La única razón que puedo encontrar en la Palabra de Dios para que no temamos es simplemente que Dios está con nosotros. El nombre Emanuel, que designa a Jesús, significa en realidad "Dios con nosotros" (Mateo 1:23).

Pase lo que pase en nuestras vidas, Dios es más grande y está con nosotros. Puede que no sepamos qué hará para ayudarnos, o cuándo lo hará, pero saber que está con nosotros debería ser suficiente. Está con nosotros, no contra nosotros. Y si Dios está con nosotros, no importa quién esté contra nosotros (Romanos 8:31), porque Dios es más grande que nadie ni que nada (1 Juan 4:4).

Pensaba erróneamente que mientras sintiera miedo, no podría hacer lo que quería o sentía que debía hacer. Estaba malgastando mi vida esperando a que el miedo desapareciera. Rezaba diligentemente para que Dios me quitara el miedo, pero eso no sucedía. En lugar de rezar para no tener miedo, debería haberle pedido a Dios que me diera el valor para seguir adelante en presencia del miedo, sabiendo que Él siempre está conmigo.

---

**Oración:** *Gracias, Señor, porque Tú estás conmigo. Porque Tú nunca me abandonas, puedo seguir adelante incluso cuando siento miedo.*

# Deja que tus emociones se calmen antes de decidir

*Él sana a los de corazón quebrantado*
*y les venda las heridas.*

Salmo 147:3 NTV

Muchas cosas nos suceden a lo largo de la vida, y una de ellas es la pérdida. La única cosa que nos alegra perder es peso. Aparte de eso, la pérdida puede ser devastadora. Todos experimentamos diversos tipos de pérdida en algún momento, y es una experiencia emocionalmente intensa. También es extremadamente estresante.

A veces la pérdida es esperada y la gente tiene tiempo para prepararse. Pero esto no hace que sea más fácil de sobrellevar. Otras veces, la pérdida es repentina, y una pérdida inesperada tiene sus propias complicaciones. En cualquier caso, las emociones se agudizan cuando se produce una pérdida.

Tras cualquier tipo de pérdida, hay decisiones que tomar. Algunas son importantes y tendrán un impacto significativo. A menudo digo: "Deja que las emociones se calmen antes de decidir". Esto no siempre es posible, pero cuando lo es, animo a la gente a esperar a que las emociones se calmen primero. Las emociones son volubles y poco fiables. Es sano que las sintamos y las procesemos, pero no es bueno que permitamos que dirijan nuestras decisiones. He oído a mucha gente hablar de tomar decisiones emocionales, y yo misma las he tomado y he llegado a lamentarlas.

Cuando sufrimos una pérdida, debemos afligirnos para estar emocionalmente sanos. El duelo es un proceso que implica múltiples etapas y diversas emociones (para más información al respecto, véanse los libros de Elisabeth Kübler-Ross). Es una buena idea darnos tiempo para llorar adecuadamente nuestras pérdidas antes de tomar decisiones importantes que afectarán al futuro.

---

**Oración:** *Dios, ayúdame a recordar que, si es posible, no debo tomar grandes decisiones cuando mis emociones están a flor de piel.*

# Permítete llorar

---

*El corazón de la gente clama al Señor con angustia.*
*Muralla de la hija de Sión, ¡deja que día y noche corran tus*
*lágrimas como un río!… Deja correr el llanto de tu corazón*
*como agua derramada ante el Señor.*

Lamentaciones 2:18-19

Una forma de expresar emociones intensas es a través de las lágrimas. A veces lloramos de alegría, otras de tristeza y otras de frustración o miedo. No pasa nada por llorar. De hecho, las lágrimas son buenas para nosotros.

El respetado bioquímico William Frey realizó un estudio de quince años sobre las lágrimas. Reveló que las lágrimas derramadas por motivos emocionales tienen una composición química diferente a las lágrimas causadas por irritantes, como productos químicos o cebollas. Las lágrimas emocionales contienen toxinas del organismo que no contienen las lágrimas derramadas por otros motivos. Frey y su equipo llegaron a la conclusión de que las sustancias químicas acumuladas en el cuerpo durante momentos de estrés se eliminan del organismo en las lágrimas derramadas por la emoción. Además, las lágrimas emocionales contienen grandes cantidades de una hormona que indica estrés. Retener las lágrimas emocionales contribuye de hecho a las enfermedades físicas que se agravan con el estrés.

También es interesante observar que solo los seres humanos producen lágrimas como resultado de una emoción. Otras especies animales producen lágrimas para lubricarse los ojos, pero solo las personas lloran porque están alegres, dolidas, disgustadas o tristes. Una amiga, cuyo amado cónyuge murió inesperadamente, me dijo en una oportunidad que cada vez que lloraba por su muerte, sentía una liberación emocional y física palpable. También me dijo que cada vez que se permitía llorar, se decía a sí misma que estaba más cerca de la sanación. La próxima vez que una emoción se acumule en ti hasta el punto de darte cuenta de que necesitas un buen llanto, adelante, libera las lágrimas. Te llevarán un paso más cerca de tu sanación.

---

**Oración:** *Ayúdame, Señor, a permitirme llorar cuando lo necesite, sabiendo que es bueno para mí y que forma parte del proceso de curación.*

# Saber cuándo guardarse las cosas para uno mismo

---

*María, por su parte, guardaba todas estas cosas*
*en su corazón y meditaba acerca de ellas.*

Lucas 2:19

María era una chica normal y corriente que amaba al Señor cuando se le apareció un ángel del Cielo y le dijo que sería la madre del Hijo de Dios. ¿Te imaginas todo lo que tuvo que pasar desde que se le apareció el ángel hasta que nació Cristo? Estoy segura de que sintió una serie de emociones intensas.

La Palabra de hoy aparece casi al final del relato de Lucas sobre el nacimiento de Jesús: después de que naciera, después de que el ángel apareciera en el cielo y después de que los pastores lo visitaran. Después de todo esto, ¿qué hizo María? Todavía no hablaba de ello; lo meditaba en su corazón. Lo que María pensaba o sentía, se lo guardaba para sí.

A veces, la mejor manera de manejar nuestras emociones es tener cuidado con lo que decimos y a quién se lo decimos. A menudo podemos estar tranquilos sobre una situación si la mantenemos entre nosotros y Dios. Pero si se lo contamos a ciertas personas, puede que se muestren negativas al respecto, y entonces nosotros nos volvemos negativos. Podemos no tener miedo de algo, pero cuando hablamos de ello, alguien dice algo que de repente nos causa miedo. Puede que no estemos enfadados por una situación, pero cuando la compartimos con alguien, nos convencen de que nosotros también deberíamos estar enfadados. Puede que nos sintamos animados ante una situación, pero después de escuchar la respuesta de otras personas, nos desanimamos.

Gestionar nuestra boca forma parte de la gestión de nuestras emociones. Merece la pena guardarnos algunas cosas en determinadas situaciones para poder mantenernos tranquilos y positivos.

_____

**Oración:** *Espíritu Santo, dame sabiduría cuando hablo de ciertas situaciones de mi vida. Ayúdame a no compartir cosas cuando no es necesario y no arriesgarme a que mis emociones se vean afectadas negativamente.*

# Una mente en paz conduce a emociones pacíficas

---

*Al de carácter firme lo guardarás en perfecta paz,*
*porque en ti confía.*

Isaías 26:3

La paz mental precede a la paz en todas las demás áreas de nuestras vidas, especialmente a nuestra paz emocional. La Escritura de hoy promete la paz perfecta a los que mantienen su mente firme debido a su confianza en Dios. Tal vez hayas experimentado esto. Has confiado completamente en Dios en alguna situación de tu vida, y has sentido la paz que viene con la confianza de que Él cuidará de ti. O tal vez lo contrario. Puedes recordar una circunstancia en la que no podías confiar en Dios, y eso pesaba en tu mente, haciéndote sentir preocupado y temeroso.

Cuando permitimos que nuestra mente divague, pensando demasiado en las situaciones en las que nos vemos envueltos y razonando en exceso (intentando descifrarlo todo), nos alejamos de la paz y nos sumimos en la confusión. Pensar en el futuro y en los problemas que podrían surgir, o en las responsabilidades que tendremos, puede hacernos sentir abrumados. Este tipo de pensamiento se llama ansiedad. Del mismo modo, nos ponemos ansiosos y perdemos la paz cuando pasamos el día tratando de imaginar el mañana o cuando intentamos vivir el mañana en nuestra mente hoy.

Solo podemos disfrutar de la vida pacífica, rica y fructífera que Dios quiere para nosotros cuando aprendemos a disciplinar nuestros pensamientos y a resistir la ansiedad manteniendo nuestra mente en Dios, confiando firmemente en Él. Como digo a menudo: "Adonde va la mente, el hombre la sigue". En otras palabras, tus pensamientos son extremadamente poderosos; ellos marcan el rumbo de tu vida. Deja que hoy tu mente guíe tus emociones en paz.

---

**Oración:** *Señor, con tu ayuda, me comprometo a mantener mi mente centrada en Ti y a confiar en Ti hoy para experimentar la paz que Tú prometes.*

# ¿Te sientes condenado o sentenciado?

---

*Él fue traspasado por nuestras rebeliones y molido por nuestras iniquidades. Sobre él recayó el castigo, precio de nuestra paz y gracias a sus heridas fuimos sanados.*

Isaías 53:5

A veces nos sentimos mal por algo que hemos hecho, y no estamos seguros de si sentimos condenación o la convicción del Espíritu Santo. Los sentimientos de condenación no vienen de Dios. Él envió a Jesús a morir por nosotros para pagar el precio de nuestros pecados. Según la Palabra de hoy y muchos otros pasajes bíblicos, Jesús llevó nuestro pecado y la condenación culpable que le acompaña. Debemos deshacernos del pecado y no quedarnos con la culpa. Una vez que Dios nos quita el yugo del pecado, también nos quita la culpa. Cuando le confesamos nuestro pecado, Él es fiel y justo y nos perdona y nos limpia de toda maldad. (1 Juan 1:9).

¿En qué se diferencia la condena de la convicción? Permíteme explicar la convicción de esta manera: necesitamos el perdón todos los días de nuestra vida. Cuando pecamos, el Espíritu Santo activa la alarma, por así decirlo, en nuestra conciencia para que podamos reconocer que hemos pecado. También nos da el poder de la sangre de Jesús para limpiarnos del pecado y mantenernos justos ante Él. Este proceso se llama "convicción", y es del Señor, mientras que la condenación es del enemigo y solo nos hace sentir miserables y culpables.

Cuando somos "convictos" de pecado, podemos sentirnos malhumorados mientras Dios trata con nosotros. Hasta que no admitimos nuestro pecado, estamos dispuestos a apartarnos de él y pedimos perdón, nos sentimos presionados por dentro, y a menudo eso saca lo peor de nosotros. En cuanto nos ponemos de acuerdo con Dios, recuperamos la paz y nuestro comportamiento mejora.

---

**Oración:** *Gracias, Dios, por la convicción del Espíritu Santo. Ayúdame a arrepentirme siempre y a recibir tu perdón cuando me sienta condenado, para que pueda seguir adelante en paz.*

# Aprender de los agricultores

---

*Por tanto, hermanos, tengan paciencia hasta la venida del*
*Señor. Miren cómo espera el agricultor a que la tierra dé*
*su precioso fruto y con qué paciencia aguarda las lluvias*
*de otoño y primavera. Así también ustedes, manténganse*
*firmes y aguarden con paciencia la venida del Señor,*
*que ya se acerca.*

Santiago 5:7-8

La Escritura de hoy sobre la paciencia está escrita en el contexto de esperar pacientemente el regreso de Cristo, pero se aplica a muchos ámbitos de nuestra vida.

La paciencia no es simplemente la capacidad de esperar; es la capacidad de mantener una buena actitud mientras esperamos. La paciencia es también un fruto del Espíritu Santo que solo puede desarrollarse en la prueba. Esta es la razón por la que Dios nos permite pasar por desafíos y pruebas en lugar de librarnos de ellos tan pronto como quisiéramos. Él siempre tiene un plan para llevarnos a través de los tiempos difíciles que enfrentamos, pero Él usa los tiempos difíciles para ayudarnos a crecer, de manera que seamos más fuertes y tengamos más fe cuando termine la prueba.

Podemos aprender mucho sobre la paciencia pensando en los agricultores que esperan sus cosechas. La lección aquí es que mientras esperamos algo, simplemente tenemos que hacer lo que sabemos que hay que hacer. Así es como espera un agricultor cuando espera una cosecha. Riega sus semillas y arranca las malas hierbas, una y otra vez, día tras día. Del mismo modo, mientras esperamos que Dios haga algo por nosotros, seguimos haciendo lo que sabemos hacer: orar, pasar tiempo en la Palabra, permanecer en la fe, ayudar y bendecir a otras personas, y prepararnos según Dios nos guíe para recibir las bendiciones que estamos esperando. Además, según Santiago 5:9, no tenemos por qué quejamos. Simplemente confiamos en Dios, sabiendo que Él hará lo que tenga que hacer cuando sea el momento adecuado.

---

**Oración:** *Ayúdame, Señor, a esperar pacientemente por Ti, haciendo lo que sé que debo hacer mientras confío en que Tú te moverás en tu tiempo perfecto.*

# Altas y bajas

*Elías se asustó y huyó para ponerse a salvo. Cuando llegó a Berseba de Judá, dejó allí a su criado y caminó todo un día por el desierto. Llegó adonde había un arbusto de retama y se sentó a su sombra con ganas de morirse. "¡Estoy harto, Señor! —protestó—. Quítame la vida, pues no soy mejor que mis antepasados".*

1 Reyes 19:3-4

Después de experimentar un subidón emocional, las personas suelen tocar fondo con un bajón emocional. Una de las lecciones más importantes que tenemos que aprender al gestionar nuestras emociones es lidiar con los altibajos de la vida. Esto es lo que nos aporta estabilidad emocional.

Lo vemos en la vida del profeta Elías. Un día está en la cima de su emoción, en el monte Carmelo, burlándose de los sacerdotes de Baal y pidiendo que caiga fuego del cielo (1 Reyes 18:30-40; 19:1-4). Al día siguiente está sentado en el desierto pidiéndole a Dios que le deje morir porque se siente muy deprimido. Quizá te sientas identificado.

Cuando experimentamos un subidón emocional, solemos pensar: "¡Oh, si pudiera sentirme así para siempre!". Pero Dios sabe que no podríamos soportar emociones tan intensas (incluso positivas) durante demasiado tiempo. Demasiados altibajos emocionales pueden ser agotadores emocional, mental y físicamente.

Al seguir leyendo 1 Reyes 19, nos damos cuenta de que la solución al bajón emocional de Elías era sencilla y práctica. Solo necesitaba descansar, recuperarse y comer bien. Cuando atravieses momentos emocionales álgidos, no seas como Elías. No te permitas derrumbarte una vez que hayas tenido un subidón emocional. No te desanimes, ni te deprimas, ni decidas que no vales nada, ni te quejes de lo feliz que estabas ayer, pero de lo desgraciado que te sientes hoy.

Simplemente di: "Señor, me siento decaído en este momento, así que voy a tener que descansar y fortalecerme de nuevo. Voy a pasar tiempo contigo, Señor, y voy a dejar que me fortalezcas".

---

**Oración:** *Ayúdame, Señor, a aprender a equilibrar los altibajos emocionales de la vida y a acudir a Ti en busca de ayuda cuando las emociones intensas me han agotado.*

# ¿Cómo quieres vivir?

---

*En cambio, el fruto del Espíritu es amor, alegría, paz,*
*paciencia, amabilidad, bondad, fidelidad, humildad y*
*dominio propio. No hay ley que condene estas cosas.*

Gálatas 5:22-23

Cuando nacemos de nuevo (2 Corintios 5:17), recibimos una nueva naturaleza, que quiere seguir y agradar a Dios. Pero esto no sustituye a nuestra vieja naturaleza pecaminosa, que quiere satisfacer nuestros deseos egoístas, egocéntricos y carnales con las cosas del mundo. Las dos naturalezas existen una al lado de la otra y están en conflicto. La más fuerte siempre gana. En Gálatas 5, Pablo caracteriza esto como una batalla entre las obras de la carne (la vieja naturaleza) y el fruto del Espíritu Santo (la nueva naturaleza). Cuanto más alimentes tu espíritu con la Palabra de Dios, más fuerte se hará, y viceversa.

Las obras de la carne se enumeran en Gálatas 5:19-21, y puedes leer sobre el fruto del Espíritu en el pasaje de la Escritura de hoy. Cuando consideras las emociones involucradas en las obras de la carne y las que se producen cuando caminamos en el Espíritu, ¿de qué manera quieres vivir?

Recomiendo centrarse en caminar en el Espíritu en lugar de intentar no caminar en la carne. Pablo dice: "Anden por el Espíritu y no cumplirán el deseo de la carne" (Gálatas 5:16 NBLA).

Pasé muchos años tratando de *no* caminar en la carne. Hasta que más tarde me di cuenta de que si me centraba más en caminar en el Espíritu que en no caminar en la carne, la carne ya no tendría lugar. Solo entonces empecé a progresar. Espero que este consejo te ayude a dejar de esforzarte por evitar las obras de la carne y más bien te capacite para vivir en el fruto del Espíritu.

---

**Oración:** *Ayúdame, Señor, a abandonar las obras de la carne centrándome en caminar en el Espíritu.*

# Practicar la paciencia

---

*Al ver los israelitas que Moisés tardaba en bajar del monte,*
*fueron a reunirse con Aarón y le dijeron:*
*—Tienes que hacernos dioses que marchen al frente de*
*nosotros, porque a ese Moisés que nos sacó de Egipto,*
*¡no sabemos qué pudo haberle pasado!*

Éxodo 32:1

A los israelitas mencionados en la Escritura de hoy no les gustaba esperar a que Moisés volviera a ellos después de reunirse con Dios. Se impacientaron tanto que exigieron algo visible para adorar. Se negaron a esperar en Dios y terminaron adorando a un inútil becerro de oro que resultó del trabajo de sus propias manos.

La impaciencia es un sentimiento negativo que debemos evitar. Provoca mucho estrés. La pura verdad es que todos tenemos que esperar por las cosas que deseamos, así que más vale que aprendamos a esperar con paciencia. El fruto de la paciencia está en nosotros como hijos de Dios, pero tenemos que usar el autocontrol para que se manifieste (Gálatas 5:22-23). La carne es naturalmente impaciente, pero afortunadamente puede controlarse y reeducarse.

Una de las mejores formas de ser paciente es mantener la mente centrada en lo que estás haciendo en ese momento. Si te concentras demasiado en el destino no disfrutarás del camino. Vivimos en una sociedad acelerada en la que todo va muy deprisa y podemos caer fácilmente en ese ciclo. Pero esto no es bueno para nosotros, porque a menudo nos pone al límite emocionalmente. La más mínima imposición o inconveniente puede hacernos estallar de frustración o ira.

Practiquemos mantener nuestras emociones calmadas y tener una actitud paciente con las situaciones, las personas y con nosotros mismos. Sobre todo, seamos pacientes con Dios cuando esperamos que haga algo que le hemos pedido. Dios tiene un tiempo perfecto para todas las cosas y no se apresurará, así que tranquilízate y disfruta de la espera.

---

**Oración:** *Dios, me arrepiento de las veces que dejo que los sentimientos de impaciencia controlen mis actitudes. Ayúdame a mantener la calma y la paciencia mientras espero en Ti y en tu tiempo perfecto.*

# Cómo evitar la frustración

---

*Así que el ángel me dijo: "Esta es la palabra del Señor para*
*Zorobabel: 'No será por la fuerza ni por ningún poder,*
*sino por mi Espíritu', dice el Señor de los Ejércitos".*

Zacarías 4:6

¿Alguna vez te has sentido frustrado porque hiciste todo lo que sabías hacer en una situación, pero nada funcionó? Creo que todos hemos pasado por ahí. Después de años de estar frustrada la mayor parte del tiempo, finalmente aprendí que estaba poniendo demasiada confianza en mí misma y mis propios esfuerzos, y no lo suficiente en Dios.

Como cristianos, a menudo pensamos que deberíamos estar haciendo o logrando algo. Pero si eso fuera cierto, nos llamarían "triunfadores" en lugar de "creyentes". Somos responsables de hacer ciertas cosas, pero muchos de nosotros vamos mucho más allá de la responsabilidad que Dios nos ha dado e intentamos hacer cosas que solo Dios puede hacer.

Lo que hay que lograr en nuestras vidas no sucederá con nuestras propias fuerzas; lo hará el Espíritu de Dios cuando pongamos nuestra confianza en Él. El Espíritu Santo nos capacita para hacer lo que necesitamos hacer, y Él hace lo que nosotros no podemos hacer. Somos socios de Dios; Él tiene una parte, y nosotros otra. Nuestra parte es confiar en Dios y hacer lo que Él nos guíe a hacer. Su parte es trabajar en nuestro favor y lograr lo que se necesita hacer en nuestras vidas. Dios no hará nuestra parte, y nosotros no podemos hacer la suya. Esta es una lección importante que debemos aprender si queremos evitar la frustración.

Cuando me siento frustrada, sé que he caído en el error de intentar hacer que las cosas sucedan por mis propios medios y he dejado de confiar plenamente en Dios. En cuanto recupero la confianza en Dios y no en mí misma, vuelvo a sentirme relajada.

---

**Oración:** *Señor, me comprometo a hacer mi parte, y confío en que Tú harás lo que solo Tú puedes hacer con tu Espíritu.*

# Una nueva forma de vivir

*Por tanto, si alguno está en Cristo [es decir, injertado, unido*
*a Él por la fe en Él como Salvador], nueva criatura es*
*[renacido y renovado por el Espíritu Santo]; las cosas viejas*
*[la anterior condición moral y espiritual] pasaron. He aquí,*
*cosas nuevas han venido [porque el despertar espiritual trae*
*una nueva vida].*

2 Corintios 5:17 AMP, traducción propia

Según la Escritura de hoy, cuando ponemos nuestra fe en Jesús, la forma en que éramos antes desaparece y tenemos todo lo que necesitamos para una nueva forma de vivir. Dios nos da la capacidad de pensar y actuar de forma que le agrade, y se ofrece a ayudarnos. Pero no somos marionetas, y Él no nos manipulará. Debemos elegir el espíritu sobre la carne y el bien sobre el mal. Cuando somos nuevos por dentro, podemos permitir que nuestro renovado ser interior influya en lo que pensamos, decimos y hacemos por fuera.

Los escritores bíblicos utilizan a menudo el término "carne" cuando se refieren a una combinación de cuerpo, mente, emociones y voluntad. En las Escrituras, la palabra "carnal" se usa a menudo para describir a las personas que viven según la carne, como es el caso de algunos cristianos. Los cristianos carnales creen en Dios y han recibido a Jesús como su Salvador, pese a que sus vidas parecen girar principalmente en torno a sí mismos, los deseos de su carne y los impulsos de sus emociones. Los sentimientos a menudo no son fiables a la hora de tomar decisiones. Es bueno tener sentimientos que nos apoyen cuando tomamos decisiones, pero podemos seguir la guía del Espíritu Santo y obedecer a Dios con o sin el combustible de los sentimientos. Puede que tengas el hábito de seguir tus sentimientos para mantenerte feliz y cómodo, pero también puedes formar nuevos hábitos. Desarrolla el hábito de disfrutar de las buenas emociones sin dejar que influyan negativamente en tus decisiones.

---

**Oración:** *Señor, cuando tenga que tomar una decisión, ayúdame a recordar que soy una nueva creación y que tengo la capacidad de seguir tu Espíritu y no mis emociones.*

# Mantén la esperanza

---

*Mantengamos firme la esperanza que profesamos, porque*
*fiel es el que hizo la promesa.*

Hebreos 10:23

Una manera de manejar las emociones negativas del desánimo y la desesperación —que todos sentimos a veces— es seguir el consejo de la Palabra de hoy y "mantenernos firmes" en la esperanza que tenemos en Cristo. Oímos la palabra "esperanza" a menudo en ambientes seculares, pero la esperanza piadosa tiene una cualidad diferente de la esperanza mundana. Muchas veces, cuando las personas dicen que esperan que algo suceda o no, están esperando vagamente, pero claramente dudando. Hablan negativamente de sus circunstancias y luego se preguntan por qué las cosas no les van bien. La verdadera esperanza bíblica es una base sólida, un trampolín para que nuestra fe despegue y se aferre realmente a las promesas de Dios. Cuando tenemos esperanza piadosa, hablamos y pensamos positivamente, y no negativamente.

Esto puede parecer simple, pero creo que la verdadera esperanza es una actitud positiva constante que dice: "No importa lo que está sucediendo actualmente, las cosas van a cambiar para mejor". Satanás no puede vencer a una persona que se niega a dejar de confiar en Dios. La esperanza es poderosa. Abre la puerta para que lo imposible se haga posible. Todas las cosas son posibles para Dios (Mateo 19:26), pero debemos cooperar con Él manteniendo la esperanza y la fe.

La desesperanza no sirve de nada. Solo nos hace infelices, críticos y gruñones. La desesperanza conduce a la depresión y a muchos otros problemas. Pero como pertenecemos a Dios y, como nos recuerda el versículo de hoy, Él es fiel, podemos elegir tener esperanza en cualquier situación. Sé la clase de persona que se niega a ser negativa y cree que las cosas mejorarán.

---

**Oración:** *Dios, creo y declaro que Tú eres fiel y elijo hoy esperar inquebrantablemente en Ti.*

# Elegir bien

---

*No entiendo lo que me pasa, pues no hago lo que quiero,*
*sino lo que aborrezco.*

Romanos 7:15

¿Alguna vez has dicho o hecho algo en un momento de intensa emoción y luego has pensado: "No puedo creer que me haya comportado de esa manera"? ¿Alguna vez te has sentido escandalizado o tal vez avergonzado por tus palabras o acciones? Todos hemos tenido esta experiencia. Incluso el apóstol Pablo, que escribió la Palabra de hoy, luchó para hacer las cosas que sabía que debía hacer y no hacer las cosas que no debía.

Sin la ayuda de Dios nos cuesta hacer las cosas con moderación. Podemos comer demasiado, gastar demasiado, entretenernos demasiado o decir demasiado. Cuando nos dejamos llevar por los excesos, nos apetece hacer algo y lo hacemos sin pensar en las consecuencias. Más tarde, nos arrepentimos.

No tenemos que vivir lamentándonos. El Espíritu Santo nos permite tomar decisiones sabias. Él nos impulsa, nos guía y nos conduce, pero aun así tenemos que emitir el voto decisivo. Si has estado emitiendo un voto insano o insensato, lo único que tienes que hacer es cambiarlo. Decide no hacer lo que te apetece a menos que esté de acuerdo con la voluntad de Dios.

Las decisiones sabias no tienen nada que ver con los sentimientos. No tienes que sentirte de una determinada manera para tomar buenas decisiones. Tomar decisiones sabias no siempre es fácil, pero es mucho mejor que sufrir las consecuencias de una decisión tonta. Incluso cuando algo no es fácil, a través de Cristo podemos elegir tener una actitud positiva, porque sabemos que estamos usando la sabiduría en nuestras vidas.

------

**Oración:** *Ayúdame, Dios, a seguir tu Espíritu Santo y a tomar decisiones sabias.*

# El miedo
# no tiene poder sobre ti

---

*Ya te lo he ordenado: ¡sé fuerte y valiente!*
*¡No tengas miedo ni te desanimes! Porque el Señor tu Dios*
*te acompañará dondequiera que vayas.*

Josué 1:9

Dios llamó a Josué para que guiara al pueblo de Israel hacia la Tierra Prometida. Se trataba de una gran tarea y, antes de enviarlo, le dijo que no tuviera miedo. Para entender lo que Dios le estaba diciendo a Josué, debemos comprender el significado de la palabra "miedo".

A lo largo de los años he estudiado mucho sobre el miedo. Temer significa "emprender la huida" o "huir de". También se define como una emoción desagradable causada por la idea de daño o dolor. Una definición completa del miedo implica más que estas ideas, pero centrémonos hoy en el hecho de que temer es huir de algo debido a una emoción desagradable o a la sensación de que podemos sufrir o resultar perjudicados.

Si vemos el miedo como huir de algo, podemos ver que Dios no le estaba diciendo a Josué que no sintiera miedo. Por el contrario, le estaba advirtiendo que sentiría miedo, y que cuando sintiera miedo, no debía huir porque (Dios) estaría con él. Comprender que podemos sentir miedo y avanzar de todos modos me ha cambiado la vida a mí y a muchas otras personas. No tenemos que esperar a que desaparezcan los sentimientos de miedo, porque puede que nunca desaparezcan. Pero podemos hacer lo que queremos o sentimos que Dios quiere aunque sintamos miedo. Por eso, el miedo no tiene poder sobre nosotros.

_____

**Oración:** *Señor, ayúdame a entender el miedo para poder avanzar y vivir en victoria sobre este incluso cuando lo experimente.*

# Raíces y frutos

---

*A cada árbol se le reconoce por su propio fruto.*
*No se recogen higos de los espinos,*
*ni se cosechan uvas de las zarzas.*

Lucas 6:44

Los árboles se conocen e identifican por sus frutos, y las personas son muy parecidas. Si pudiéramos observar las raíces de la vida de una persona que no es sana emocionalmente, veríamos que conducen a cosas como el rechazo, el abuso, la culpa, los celos, la vergüenza y otros pensamientos y sentimientos negativos.

Si has reconocido actitudes malsanas en ti, lo más probable es que sean el fruto amargo de algo arraigado en tu forma de pensar. Pueden provenir de experiencias malsanas o traumáticas de la infancia, o de haber estado expuesto a malos ejemplos en tus primeros años. Si tus padres, profesores u otras figuras de autoridad te dijeron durante tu juventud que no eras bueno, que había algo malo en ti, que no podías hacer nada bien, que no valías nada y que nunca llegarías a nada, puede que te lo hayas creído.

La ciencia ha demostrado que, cuando las personas creen algo sobre sí mismas con suficiente firmeza, empiezan a comportarse de la forma en que se autoperciben. Pensarán, sentirán y actuarán de acuerdo con lo que han experimentado o les han dicho.

Pero tengo buenas noticias: tu mente puede ser renovada por la Palabra de Dios (Romanos 12:2). Esto no sucede ni inmediata ni rápidamente. Puede tomar un tiempo, pero es posible con la ayuda del Espíritu Santo, y vale la pena el tiempo que toma.

Dios quiere que des buen fruto, y Él te ayudará a hacerlo reemplazando las raíces malsanas con raíces fuertes y sanas en tus pensamientos, emociones y acciones al meditar en su Palabra.

---

**Oración:** *Dios, mientras medito en tu Palabra, ayúdame a reemplazar las raíces que conducen a pensamientos, sentimientos y comportamientos malsanos por otras que conduzcan a pensamientos, emociones y acciones saludables.*

# Sin vergüenza

*No temas, porque no serás avergonzada. No te turbes, porque no serás humillada. Olvidarás la vergüenza de tu juventud y no recordarás más la deshonra de tu viudez.*

Isaías 54:4

La vergüenza es una afección que perturba nuestras emociones de forma poderosa. Puede hacer que nos sintamos avergonzados de lo que somos e inferiores a los demás. Puede hacernos temer que los demás nos conozcan como realmente somos, y puede obstaculizar nuestra capacidad para entablar relaciones íntimas. Afortunadamente, Dios nos puede sanar de la vergüenza que hemos experimentado y del impacto que ha tenido en nosotros.

Según la Palabra de hoy, el Señor promete quitarnos la vergüenza y la deshonra hasta el punto de que las olvidemos. De hecho, Dios ha prometido que en su lugar derramará sobre nosotros una doble porción de bendición. Poseeremos el doble de lo que hemos perdido y tendremos gozo eterno (Isaías 61:7).

Si luchas contra la vergüenza, pídele al Señor que haga un milagro sanador en tu mente y en tus emociones. Deja que Él entre y cumpla lo que vino a hacer: sanar tu corazón quebrantado, vendar tus heridas, proclamar tu libertad, darte gozo en lugar de luto y vestirte con un manto de alabanza en lugar de un "espíritu de desaliento", para que seas llamado árbol de justicia, fuerte y magnífico, y en buena relación con Dios (Isaías 61:1-3).

A medida que Dios te sane, tus raíces espirituales se profundizarán en el amor de Cristo, quien, por su sacrificio en la cruz, ha roto el poder del pecado y la culpa, te ha limpiado, sanado, perdonado y liberado para vivir una nueva vida de salud y plenitud. Cuando encuentras tu vida en Él, no tienes vergüenza.

---

**Oración:** *Gracias, Dios, por liberarme completamente de la vergüenza y de la forma en que me ha afectado emocionalmente. Ayúdame a recordar siempre que no hay vergüenza en Ti.*

# Mantén la cabeza alta

*Pero tú, Señor, eres el escudo que me protege; tú eres mi*
*gloria; tú mantienes en alto mi cabeza.*

Salmo 3:3

En el Salmo 3:1-2, el salmista escribe sobre su angustiosa situación. Pero en el pasaje de hoy, declara su confianza en el Señor, el único que levanta su cabeza en alto.

Cuando estamos deprimidos y desanimados, todo lo que nos rodea parece inútil. A veces este sentimiento nos afecta físicamente. Nos falta energía y perdemos fuerza; la cabeza y las manos nos cuelgan, al igual que el corazón. Incluso bajamos la voz. Nos sentimos abatidos porque nos centramos en nuestros problemas y no en el Señor. Podemos caer en la tentación de decir: "Oh, ¿de qué sirve?", y darnos por vencidos.

No importa lo que nos haga sentir abatidos, el Señor nos anima en toda su Palabra a levantar la cabeza y las manos, y mirar hacia Él (Génesis 13:14; Salmo 24:7; 1 Timoteo 2:8).

Cuando la gente nos decepciona o cuando las situaciones amenazan con abrumarnos o derrotarnos, en lugar de desanimarnos y deprimirnos, Dios quiere que miremos las posibilidades, no los problemas que nos rodean, confiando en que Él nos conducirá a una situación aún mejor, porque Él tiene una para nosotros. Nos anima a mirarle a Él porque tiene planes para bendecirnos y hacernos crecer en abundancia.

Sea lo que sea a lo que te enfrentes hoy, solo tienes dos opciones: abandonar o seguir adelante. Si decides seguir adelante, también tienes dos opciones: agachar la cabeza en depresión y miseria o levantar la cabeza con esperanza y alegría. Aunque hay cosas malas en esta vida, también las hay buenas. Elige centrarte hoy en las cosas positivas.

———————————

**Oración:** *Señor, cuando me sienta abatido, ayúdame a mirarte como el que levanta mi cabeza y a centrarme en tus promesas en lugar de en mis problemas.*

# ¿Lamentable o poderoso?

_—Levántate, recoge tu camilla y anda —le dijo Jesús._

Juan 5:8

En Juan 5:1-9, leemos acerca de un hombre que llevaba treinta y ocho años tumbado junto a un estanque, esperando ser curado. No solo estaba enfermo físicamente, sino también en el alma. Las enfermedades del alma pueden ser más difíciles de tratar que las del cuerpo. Creo que el estado de su cuerpo y de su alma le robó la confianza y le hizo renunciar poco a poco, hasta el punto de que se llenó de lástima por sí mismo.

En Juan 5:6-7, cuando Jesús le preguntó al hombre si quería curarse, este le dijo que no tenía a nadie que le ayudara a entrar en el estanque donde podía sanar. Jesús no se quedó allí compadeciéndose del hombre. Le dijo que se levantara y caminara. Tuvo compasión de él, pero no sintió lástima porque sabía que eso no lo ayudaría. Jesús no estaba siendo duro al decirle al hombre que se levantara y caminara. Intentaba liberarlo.

La autocompasión es un gran problema. Lo sé porque viví con ella durante muchos años. Finalmente, Dios me ayudó a comprender que podía ser lamentable o poderosa, pero no ambas cosas. Si quería ser poderosa, tenía que renunciar a la autocompasión.

Como el hombre de Juan 5, Jesús tampoco sintió lástima por mí. Su negativa a dejarme revolcar en la autocompasión fue un punto de inflexión en mi vida. Si rechazas la autocompasión, miras activamente a Dios y haces lo que Él te dice que hagas. Él te liberará.

---

**Oración:** *Señor, ayúdame a resistir la tentación de sentir autocompasión. En su lugar, ayúdame a mirarte para que me muestres el camino hacia la sanación y la libertad.*

# Dile a Dios cómo te sientes

---

*Mortal agonía me penetra hasta los huesos cuando mis*
*adversarios me insultan, preguntándome a todas horas:*
*"¿Dónde está tu Dios?". ¿Por qué estás tan abatida, alma mía?*
*¿Por qué estás angustiada? En Dios pondré mi esperanza*
*y lo seguiré alabando. ¡Él es mi salvación y mi Dios!*
Salmo 42:10-11

Una razón por la que podemos identificarnos con los salmos que escribió David es que no dudó en contarle a Dios exactamente cómo se sentía. Por muy descorazonado o temeroso que estuviera a veces, se sinceraba con Dios y siempre confiaba en su fidelidad. También estaba decidido a alabar a Dios independientemente de sus circunstancias.

Creo que fue emocionalmente sano para David decirle a Dios lo que realmente sentía. Era una forma de liberar sus sentimientos negativos para que no pudieran dañar su ser interior mientras esperaba la entrega de Dios. David con frecuencia le contaba a Dios sobre sus sentimientos o circunstancias, y luego concluía con algo como esto: "Pero confiaré en Dios. Alabaré a Dios, que me ayuda".

Yo nunca te sugeriría que te guardaras tus sentimientos y no los expresaras. Eso no sería sano. Mi propósito no es animarte a que presumas que todo va bien mientras sientes ira, tristeza o cualquier otra emoción. Las personas que reprimen el dolor y nunca aprenden a gestionarlo adecuadamente acaban explotando o implosionando. Ninguna de las dos opciones es buena. No queremos negar la existencia de las emociones, pero sí podemos negarles el derecho a gobernarnos.

Sigue el ejemplo de David y exprésate honestamente ante Dios o ante una persona en quien confíes y de la que Dios se quiera servir para ayudarte. Para expresarte de una manera piadosa, recuerda siempre poner tu esperanza en Dios, alabarlo y hablar de su bondad y amor inagotables.

---

**Oración:** *Gracias, Señor, por escucharme cuando expreso mis sentimientos. No importa cómo me sienta, ayúdame a recordar siempre Tu amor y a alabarte.*

# Sin competencia

*Tuvieron además un altercado sobre cuál de ellos sería el más importante. Jesús les dijo: —Los reyes de las naciones oprimen a sus súbditos y los que ejercen autoridad sobre ellos se llaman a sí mismos benefactores.*

Lucas 22:24-25

Al principio de mi vida, luché contra los celos y la envidia. Esto es habitual entre las personas inseguras. Si no estamos seguros de nuestra valía como individuos únicos, nos compararemos con otras personas y competiremos con cualquiera que parezca ser exitoso, inteligente, atractivo o estar bien en otros aspectos.

Uno de los mejores regalos de Dios para mí es que me ha enseñado que soy un individuo con un plan personal, único y ordenado por Dios para mi vida. Esto me ha dado una gran alegría y libertad, pues ahora vivo con la seguridad de que no necesito competir ni compararme con nadie.

Siempre me anima saber que hay esperanza para mí cuando me doy cuenta de que los discípulos luchaban con muchas de las mismas cosas con las que tú y yo luchamos. En el pasaje bíblico de hoy, Jesús estaba hablando con algunos de sus discípulos, que discutían sobre quién era el "más importante". Él les respondió que el más importante era el que estaba dispuesto a ser un siervo (Lucas 22:26). En otras palabras, dijo que la grandeza está en la humildad.

Cuando nos sentimos inseguros, nos consideramos "menos que" los demás. Pero cuando somos humildes ante Dios, nos damos cuenta de que Él nos ha hecho individuos únicos, nos ama incondicionalmente y nos valora tanto que envió a su Hijo a morir por nuestros pecados para que pudiéramos vivir en relación con Él. Y nos damos cuenta de que no tenemos necesidad de competir con nadie más.

---

**Oración:** *Ayúdame, Señor, a verme como Tú me ves: precioso, único y valioso. Ayúdame a liberarme de la inseguridad y a caminar en humildad ante Ti y ante los demás.*

# Expectativa esperanzada

---

*Los que confían en el Señor renovarán sus fuerzas;*
*levantarán el vuelo como las águilas, correrán*
*y no se fatigarán, caminarán y no se cansarán.*

Isaías 40:31

La Palabra de hoy es un versículo muy conocido sobre esperar en el Señor. Podemos pensar que esto consiste en dejar pasar el tiempo mientras confiamos en que Él actuará en nuestra vida de una determinada manera, tal vez como respuesta a una oración o para cumplir una promesa de su Palabra. Pero la Biblia Amplificada en inglés, Edición Clásica de la primera parte de este versículo nos da una importante visión de lo que realmente significa: "Pero los que esperan en el Señor [*que ansían, buscan y esperan en Él*]" (la cursiva es mía). Cuando entendemos la espera de esta manera, vemos que es activa, no pasiva.

Esperar en Dios es esperar y confiar en que Él hará lo que necesitamos que haga, es esperar que Él actúe en una situación y tener esperanza en Él. Este tipo de espera nos lleva a pasar tiempo con Él en su Palabra y en su presencia. No nos preocupamos mientras esperamos en Dios; no nos frustramos ni nos enfadamos mientras esperamos en Dios. No cuestionamos ni tratamos de descifrar las cosas en nuestras mentes, permitiendo que nuestros pensamientos vayan a lugares adonde no necesitan ir. Descansamos. Y seguimos con nuestras vidas con un sentido de esperanza.

Ser capaz de esperar con ilusión es un signo de madurez espiritual. Cuando tenemos que esperar algo, podemos relajarnos en la presencia de Dios. Mientras esperamos en Él, nuestras fuerzas se renuevan, como promete la Escritura de hoy.

———————

**Oración:** *Señor, ayúdame a esperar activamente, no pasivamente, con expectativa esperanzada mientras espero que Tú actúes en mi vida.*

# ¿Cómo te sientes contigo mismo?

---

*Porque somos hechura de Dios, creados en Cristo Jesús*
*para buenas obras, las cuales Dios dispuso de antemano*
*a fin de que las pongamos en práctica.*

Efesios 2:10 LBLA

Cuando pensamos en gestionar nuestras emociones, solemos pensar en cómo nos sentimos ante una situación o ante otra persona. No solemos pensar en gestionar lo que sentimos por nosotros mismos. Sin embargo, todos tenemos una relación con nosotros mismos y nos sentimos de determinada manera. Puede que estemos contentos con nosotros, pero también puede que a veces estemos enfadados o avergonzados. Podemos sentirnos frustrados por ciertos aspectos de nuestra personalidad, nuestra apariencia o nuestras habilidades. Algunas personas se sienten indeseables, mientras que otras creen que son maravillosas. Las emociones que sentimos por nosotros mismos pueden ser variadas y volubles, del mismo modo que pueden cambiar nuestros sentimientos sobre las circunstancias o sobre los demás.

La forma en que nos sentimos con nosotros mismos influye en lo que podemos lograr en la vida. Esta es una de las razones por las que es tan importante crecer en estabilidad emocional. Si nos sentimos valientes y fuertes, afrontamos las cosas con confianza. Si nos sentimos negativos, tenemos pocas expectativas de nosotros mismos y tendemos a cumplirlas.

Si te sientes mal contigo mismo, déjame animarte ahora. Primero, recuerda la Palabra de hoy y date cuenta de que Dios tiene un plan para tu vida. Ha diseñado ese plan especialmente para ti y te ha creado para que tengas éxito en él. En segundo lugar, recuerda que has sido hecho "admirable y maravillosamente" (Salmo 139:14 NBLA). Dios te ha hecho especial y único. Tercero, recuerda que, según Filipenses 4:13, todo lo puedes en Cristo, que te fortalece. Deja que estas verdades te lleven a sentirte bien contigo mismo y a confiar en que puedes hacer todo lo que Dios te pida.

---

**Oración:** *Gracias, Señor, por haberme creado tal como Tú quieres que sea. Ayúdame a sentirme bien conmigo mismo y a confiar en que puedo hacer todo lo que necesito hacer a través de Cristo, que me da fuerza.*

# Usa tu boca para mejorar tu estado de ánimo

---

*Háganlo todo sin quejas ni contiendas, para que sean*
*intachables y puros, hijos de Dios sin culpa en medio*
*de una generación torcida y depravada. En ella ustedes*
*brillan como estrellas en el mundo.*

Filipenses 2:14-15

En el pasaje de la Escritura de hoy, Pablo nos invita a hacer todas las cosas sin quejarnos ni discutir. En la Biblia Amplificada en inglés, Edición Clásica, el versículo 14 dice que debemos "hacer todas las cosas sin murmurar, sin buscar defectos, sin quejarnos [contra Dios], sin cuestionar".

Cuando tienes un mal día o te enfrentas a pruebas y dificultades, puedes tomar una decisión. Puedes estar de mal humor, quejarte y sentirte resentido, o puedes decidir permanecer alegre y en paz, hablando palabras de alabanza y adoración a Dios. Cualquiera puede ser gruñón y quejarse cuando no le gustan sus circunstancias. Pero como seguidores de Cristo, estamos llamados a vivir de manera diferente. Estamos llamados a ser vencedores, y parte de la superación es mantener una buena actitud y usar nuestras palabras para hablar positivamente cuando no todo es como nos gustaría que fuera.

Si la gente que nos rodea sabe que somos cristianos, pero murmuramos y nos quejamos como los demás, debilitamos nuestro testimonio ante ellos y no les iluminamos con la luz del amor de Dios, como menciona la Escritura de hoy. Para ser buenos testigos, debemos resistir la tentación de quejarnos. ¿Puedes pasar un día sin quejarte de nada? Yo admito que aún no he llegado a la perfección, pero he progresado a lo largo de los años y seguiré persiguiendo la voluntad de Dios.

Tú y yo podemos utilizar nuestras palabras para mejorar nuestro estado de ánimo. Aunque estemos de mal humor, si nos negamos a quejarnos y empezamos a decir palabras positivas y edificantes, pronto nos sentiremos mejor.

---

**Oración:** *Señor, ayúdame a usar mi boca para hablar positivamente en lugar de quejarme.*

# Siempre es hora de alabar a Dios

*Bendeciré al Señor en todo tiempo;*
*lo alabarán siempre mis labios.*

Salmo 34:1 AMP

Si eres como la mayoría de los cristianos, hay días en los que sientes no tener palabras suficientes para alabar a Dios. Otros días no puedes pensar ni en una sola razón para alabarlo porque te sientes frustrado o desanimado. Esto se debe a los altibajos emocionales. Pero David dice en la Palabra de hoy que bendecirá al Señor "en todo momento". No dice que alabará a Dios solo cuando sea conveniente o cuando se sienta bien y todo vaya como él quiere. Y no dice que no alabará a Dios cuando no tenga ganas.

Dios es digno de nuestra alabanza en todo momento por ser quien es y por todo lo que ha hecho por nosotros. Él merece nuestra alabanza, adoración y acción de gracias en cada situación, ya sea que pensemos que la circunstancia es positiva o negativa. Los cristianos maduros entienden esto y viven una vida de alabanza a Dios, independientemente de cómo se sientan acerca de lo que pueda estar sucediendo en sus vidas en ese momento. Todos sentimos a veces la tentación de estallar en cólera o de enfurruñarnos. Todos nos sentimos paralizados por el miedo o atormentados por los celos y la envidia. Pero podemos controlar estas emociones y decidir alabar a Dios a pesar de ellas. La alabanza es poderosa, lo suficiente como para calmar las emociones crudas, tranquilizar los sentimientos de miedo y sacarnos de la desesperación. Dios es digno de nuestra alabanza en todo momento y la disfruta. Pero eso no lo cambia a Él, sino a nosotros.

---

**Oración:** *Señor, ayúdame a recordar que la alabanza es poderosa y a elegir alabarte incluso cuando me siento enfurruñado o enfadado por mis circunstancias.*

# ¡Alégrate en el Señor!

---

*Alégrense siempre en el Señor. Insisto: ¡alégrense!*

Filipenses 4:4

L a carta de Pablo a los Filipenses ha sido calificada como la "epístola de la alegría." En ella, Pablo menciona la alegría con frecuencia. Fíjate que en la Palabra de hoy Pablo anima a sus lectores a regocijarse *en el Señor* (la cursiva es mía). Esto nos dice que debemos alegrarnos siempre en Dios. No siempre podemos alegrarnos de nuestras circunstancias o de las condiciones en las que nos encontramos, pero podemos alegrarnos en el Señor en todo momento. Pablo sufrió mucho en varios momentos de su vida, por lo que comprendió que, aunque la alegría es una emoción, también es una elección. Incluso cuando no nos sentimos felices, podemos elegir encontrar alegría en Dios.

¿Cómo nos regocijamos en el Señor? Empezamos por pensar en lo que tenemos en Cristo, en lugar de pensar en lo que no tenemos en la vida. Por ejemplo, somos perdonados de todos nuestros pecados, nuestros nombres están escritos en el Libro de la Vida del Cordero y viviremos en la presencia de Dios eternamente. No importa lo que no tengamos, siempre tenemos esperanza, y la esperanza es poderosa. También tenemos el amor incondicional de Dios, su completa aceptación, su fuerza, su guía, su paz, su gracia y otras maravillosas bendiciones que son demasiadas para contarlas. Te animo a que elijas pensar en lo que tienes en lugar de pensar en lo que no tienes, y descubrirás que tu nivel de alegría aumenta. Nuestra forma de pensar es la base de nuestras emociones, y si queremos emociones agradables como la alegría, tenemos que poner nuestras mentes en las cosas que producen esas emociones.

---

**Oración:** *Señor, hoy elijo centrarme en lo que tengo, no en lo que no tengo, y alegrarme en Ti en todo momento.*

## ¿Tienes una verdadera relación con Jesús?

Dios te ama. Él te creó para que fueras un individuo único, especial y sin réplica alguna, y tiene un propósito y un plan específicos para tu vida. A través de una relación personal con tu Creador, Dios, puedes descubrir un estilo de vida que realmente satisfaga tu alma.

No importa quién seas, lo que hayas hecho o en qué punto de tu vida te encuentres ahora mismo: el amor y la gracia de Dios son mayores que tu pecado y tus errores. Jesús voluntariamente dio su vida para que puedas recibir el perdón de Dios y tener una nueva vida con Él. Jesús solo está esperando a que lo invites a ser tu Salvador y Señor.

Si estás listo para entregar tu vida a Jesús y seguirlo, todo lo que tienes que hacer es pedirle que perdone tus pecados y que te dé un nuevo comienzo en la vida que estás destinado a vivir. Comienza rezando esta oración:

Señor Jesús, gracias por dar tu vida por mí y por perdonar mis pecados para que pueda tener una relación personal contigo. Lamento sinceramente los errores que he cometido y sé que necesito que me ayudes a vivir bien.

Tu Palabra dice en Romanos 10:9: "Si confiesas con tu boca que Jesús es el Señor y crees en tu corazón que Dios lo levantó de entre los muertos, serás salvo". Yo creo que Tú eres el Hijo de Dios y te confieso como mi Salvador y Señor. Tómame tal como soy y obra en mi corazón, haciendo de mí la persona que Tú quieres que sea. Quiero vivir para Ti, Jesús, y agradezco que me des un nuevo comienzo en mi nueva vida contigo hoy. ¡Te amo, Jesús!

Es increíble saber que Dios nos ama así. Él quiere tener una relación profunda e íntima con nosotros, que crezca cada día mientras pasamos tiempo con Él en oración y en el estudio de la Biblia. Y queremos animarte en tu nueva vida en Cristo.

Visita https://tv.joycemeyer.org/espanol/como-conocer-jesus/ para descargar gratis el libro *Diles que les amo*. También tenemos otros recursos gratuitos en línea para ayudarte a progresar en la búsqueda de todo lo que Dios tiene reservado para ti.

¡Enhorabuena por el nuevo comienzo de tu vida en Cristo! Esperamos tener noticias tuyas pronto.

# SOBRE LA AUTORA

JOYCE MEYER es una renombrada maestra de la práctica del mensaje de la Biblia y una de las autoras más vendidas del *New York Times*. Los libros de Joyce han ayudado a millones de personas a encontrar esperanza y restauración a través de la fe en Jesucristo. El programa de Joyce, *Disfrutando de la vida cotidiana*, se emite por televisión, radio y en línea a millones de personas en todo el mundo en más de cien idiomas.

A través de los Ministerios Joyce Meyer, la autora enseña a nivel internacional una serie de temas con un enfoque particular sobre cómo la Palabra de Dios se aplica a nuestra vida cotidiana. Su franco estilo de comunicación le permite compartir sin reservas y de forma práctica sus experiencias para que otras personas puedan aplicar a sus vidas lo que ella ha aprendido.

Joyce es autora de más de ciento cuarenta libros, que han sido traducidos a más de ciento sesenta idiomas y de los que se han distribuido más de treinta y nueve millones de ejemplares en todo el mundo. Entre sus libros más vendidos figuran *El poder del pensamiento*, *Fortaleza para cada día, Hábitos de una mujer piadosa: Supera cada problema, Cómo oír a Dios y Una vida sin conflictos.*

La pasión de Joyce por ayudar a las personas que sufren es el fundamento de Mano de Esperanza, la rama misionera de Joyce Meyer Ministries. Cada año, Mano de Esperanza proporciona millones de alimentos a personas hambrientas y malnutridas, instala pozos de agua dulce en zonas pobres y remotas, presta ayuda crítica tras catástrofes naturales y ofrece atención médica y dental gratuita a través de sus hospitales y clínicas en todo el mundo.

Joyce también estableció el Project GRL, una iniciativa surgida de su deseo de dar a las mujeres y niñas marginadas por la sociedad o sus circunstancias la oportunidad de llegar a ser todo lo que Dios las ha destinado a ser.

# MINISTERIOS JOYCE MEYER

DIRECCIONES DE LAS OFICINAS
EN ESTADOS UNIDOS Y OTROS PAÍSES

**Ministerios de Joyce Meyer**
P.O. Box 655 Fenton, MO 63026
Estados Unidos
(636) 349-0303

**Ministerios de Joyce Meyer –Canadá**
P.O. Box 7700
Vancouver, BC V6B 4E2
Canadá
(800) 868-1002

**Ministerios de Joyce Meyer –Australia**
Locked Bag 77
Mansfeld Delivery Centre Queensland 4122
Australia
(07) 3349 1200

**Ministerios de Joyce Meyer -Inglaterra**

P.O. Box 1549

Windsor SL4 1GT

Inglaterra

01753 831102

**Ministerios de Joyce Meyer -Sudáfrica**

P.O. Box 5

Ciudad del Cabo 8000

Sudáfrica

(27) 21-701-1056

**Ministerios de Joyce Meyer -Francia**

29 avenue Maurice Chevalier

77330 Ozoir la Ferriere

Francia

**Ministerios de Joyce Meyer -Alemania**

Postfach 761001

22060 Hamburgo

Alemania

+49 (0)40 / 88 88 4 11 11

**Ministerios de Joyce Meyer –Holanda**

Lorenzlaan 14

7002 HB Doetinchem

Holanda

+31 657 555 9789

**Ministerios de Joyce Meyer –Rusia**

P.O. Box 789

Moscú 101000

Rusia

+7 (495) 727-14-68